Microblading Sopracciglia

Corso Completo di Dermopigmentazione e Permanent Make Up

Indice

🎁 Alla fine di questo libro troverai un regalo esclusivo!

Microblading Sopracciglia

Corso Completo di Dermopigmentazione e Permanent Make Up

I. Introduzione al microblading e alla dermopigmentazione delle sopracciglia

1. Cos'è il Microblading

Il microblading è una tecnica di bellezza innovativa e sempre più popolare per ottenere sopracciglia definite e naturali. Questa procedura semi-permanente coinvolge l'uso di micro-lame ultra sottili per depositare pigmento sotto la pelle, creando dei tratti simili ai peli delle sopracciglia. Grazie alla precisione e alla versatilità di questa tecnica, è possibile correggere forme irregolari, aumentare la densità delle sopracciglia e migliorare l'aspetto complessivo del viso. Il risultato finale è un look impeccabile e duraturo, che elimina la necessità di truccarsi le sopracciglia ogni giorno.

Il processo di microblading inizia con una dettagliata consultazione con il cliente, durante la quale vengono discusse le preferenze estetiche e gli obiettivi desiderati. Questo passaggio è fondamentale per comprendere le aspettative del cliente e personalizzare la procedura di conseguenza. Dopo la consultazione, viene eseguita un'analisi approfondita del viso, valutando la forma delle sopracciglia esistenti, la simmetria del viso e altre caratteristiche rilevanti.

Una volta completata l'analisi, si passa alla fase di colorimetria e selezione del colore. È importante scegliere un colore che si adatti al tono naturale delle sopracciglia del cliente e che si integri armoniosamente con il suo viso. Durante questa fase, l'estetista specializzato utilizza la propria esperienza e competenza per determinare il colore più adatto, tenendo conto di vari fattori come il colore della pelle, dei capelli e le preferenze personali del cliente.

Con il colore selezionato, si procede con il disegno e la modellazione delle sopracciglia. Utilizzando matite e stencil appositamente progettati, l'estetista traccia la forma desiderata delle sopracciglia, seguendo la struttura del viso e garantendo una simmetria perfetta. Questo passaggio è cruciale per assicurare che il risultato finale sia armonioso e naturale, migliorando le caratteristiche del viso del cliente.

Una volta completato il disegno, si passa alla fase principale della procedura di microblading: l'applicazione del pigmento. Utilizzando le micro-lame, l'estetista crea tratti precisi e controllati sotto la pelle, imitando la crescita naturale dei peli delle sopracciglia. Questo processo richiede grande abilità e attenzione ai dettagli, garantendo che il pigmento venga distribuito uniformemente e che il risultato finale sia impeccabile.

Infine, una volta completata l'applicazione del pigmento, si procede con eventuali ritocchi e correzioni per garantire una finitura perfetta. Questo può includere la regolazione della forma delle sopracciglia o la modifica del colore per ottenere il risultato desiderato. Una volta completata la procedura, il cliente può godere di sopracciglia perfette e ben definite per mesi, riducendo al minimo la necessità di ritocchi giornalieri.

2. Cos'è la Dermopigmentazione delle Sopracciglia

La dermopigmentazione delle sopracciglia, conosciuta anche come permanent makeup, è una tecnica avanzata nell'ambito dell'estetica che mira a migliorare l'aspetto delle sopracciglia attraverso l'applicazione di pigmenti permanenti. Questa procedura offre una soluzione duratura per colorare e definire le sopracciglia, eliminando la necessità di applicare trucco giornaliero per ottenere un look desiderato.

A differenza del microblading, che utilizza micro-lame per creare tratti simili ai peli delle sopracciglia, la dermopigmentazione coinvolge l'utilizzo di strumenti specializzati, come macchinari a ago singolo o multiplo, per depositare il pigmento nella pelle a livelli più profondi. Questo processo consente di ottenere una copertura più uniforme e completa delle sopracciglia, ideale per colorare e definire anche le zone più sparse o prive di peli.

La dermopigmentazione delle sopracciglia è particolarmente indicata per coloro che desiderano una soluzione a lungo termine per migliorare la forma e il colore delle loro sopracciglia. Questa tecnica può essere utilizzata per riempire le sopracciglia scarsamente popolate, correggere asimmetrie o semplicemente aggiungere definizione e intensità al viso.

Durante la procedura di dermopigmentazione, l'estetista specializzato utilizza la propria esperienza e conoscenza della colorimetria per selezionare il colore più adatto alle esigenze del cliente. È importante prendere in considerazione il tono della pelle, il colore dei capelli e le preferenze personali del cliente per garantire un risultato naturale e armonioso.

Una volta completata la procedura, le sopracciglia appena
pigmentate potrebbero apparire più scure rispetto al colore
finale. Questo è normale e dovuto alla fase di guarigione della
pelle, durante la quale il pigmento si stabilizzerà e si adatterà al
tono desiderato. È importante seguire attentamente le istruzioni
post-trattamento fornite dall'estetista per garantire una
guarigione ottimale e un risultato finale soddisfacente.

In conclusione, la dermopigmentazione delle sopracciglia è una
tecnica versatile e affidabile per ottenere sopracciglia ben
definite e durature. Con la giusta preparazione e attenzione ai
dettagli, è possibile ottenere risultati sorprendenti che
valorizzeranno l'aspetto e la bellezza naturale di ogni cliente.

3. Differenze tra Microblading e Dermopigmentazione

Sebbene il microblading e la dermopigmentazione delle
sopracciglia abbiano obiettivi simili, ci sono delle differenze
fondamentali tra le due tecniche che è importante comprendere
prima di scegliere la procedura più adatta alle proprie esigenze.

Innanzitutto, una delle principali differenze risiede nel processo
stesso. Il microblading coinvolge l'uso di micro-lame ultra
sottili per creare tratti simili ai peli delle sopracciglia,
depositando pigmento sotto la pelle. Questa tecnica è ideale per
creare un effetto "capello per capello" e per ottenere
sopracciglia dall'aspetto più naturale possibile. D'altra parte, la
dermopigmentazione utilizza macchinari a ago singolo o
multiplo per depositare pigmento più profondamente nella
pelle, offrendo una copertura più uniforme e completa delle
sopracciglia.

Un'altra differenza significativa riguarda la durata del risultato. Il microblading è considerato una tecnica semi-permanente, poiché il pigmento tende a svanire nel tempo a causa del naturale turnover delle cellule della pelle. Di solito, il microblading può durare da 1 a 3 anni, a seconda del tipo di pelle del cliente e dei fattori ambientali. D'altra parte, la dermopigmentazione è considerata più permanente, poiché il pigmento viene depositato più profondamente nella pelle e tende a durare più a lungo nel tempo. Tuttavia, anche il pigmento della dermopigmentazione può gradualmente sbiadire nel corso degli anni, richiedendo eventuali ritocchi per mantenere il risultato desiderato.

Inoltre, le due tecniche differiscono anche nel tipo di pigmento utilizzato. Nel microblading, vengono utilizzati pigmenti specifici formulati per aderire alla pelle e mantenere la loro vivacità nel tempo. Questi pigmenti sono spesso più leggeri e più sottili rispetto ai pigmenti utilizzati nella dermopigmentazione, che sono progettati per una maggiore durata e resistenza al fading nel tempo.

Infine, è importante considerare anche i tempi di guarigione e il potenziale disagio associato a ciascuna tecnica. Poiché il microblading coinvolge l'utilizzo di lame più sottili e tratti meno profondi, il tempo di guarigione tende ad essere più rapido e il disagio durante la procedura è generalmente minore rispetto alla dermopigmentazione, che può richiedere un tempo di guarigione più lungo e causare un maggiore livello di discomfort durante e dopo il trattamento.

In conclusione, sia il microblading che la dermopigmentazione delle sopracciglia sono tecniche efficaci per migliorare l'aspetto delle sopracciglia e ottenere risultati duraturi. Tuttavia, è importante comprendere le differenze tra le due tecniche e consultare un professionista qualificato per determinare quale sia la scelta migliore per le proprie esigenze estetiche.

4. Vantaggi e Limitazioni del Microblading e della Dermopigmentazione

Entrambi il microblading e la dermopigmentazione delle sopracciglia offrono una serie di vantaggi unici, ma è importante essere consapevoli anche delle eventuali limitazioni associate a ciascuna tecnica. Esaminiamo più da vicino i pro e i contro di entrambi i trattamenti per aiutarti a prendere una decisione informata.

Vantaggi del Microblading:

1. **Aspetto Naturale:** Uno dei principali vantaggi del microblading è la capacità di creare sopracciglia dall'aspetto naturale. Grazie alla precisione delle micro-lame, è possibile imitare la crescita naturale dei peli delle sopracciglia, ottenendo un risultato esteticamente piacevole e realistico.

2. **Semi-permanenza:** Il microblading offre una soluzione semi-permanente per migliorare l'aspetto delle sopracciglia. Mentre il pigmento tende a svanire nel tempo, la durata della procedura consente ai clienti di godere di sopracciglia ben definite per diversi anni senza la necessità di ritocchi frequenti.

3. **Flessibilità e Personalizzazione:** Il microblading permette un alto grado di flessibilità e personalizzazione. L'estetista specializzato può adattare la forma, il colore e la densità delle sopracciglia in base alle preferenze individuali del cliente, garantendo risultati su misura e soddisfacenti.

4. **Tempo di Guarigione Rapido:** Poiché il microblading coinvolge tratti superficiali sotto la pelle, il tempo di guarigione è generalmente rapido. I clienti possono tornare alle loro attività quotidiane poco dopo la procedura senza interruzioni significative.

Limitazioni del Microblading:

1. **Durata Limitata:** Nonostante la sua semi-permanenza, il microblading ha una durata limitata nel tempo. Il pigmento tende a svanire nel corso dei mesi o dei primi anni, richiedendo eventuali ritocchi per mantenere il risultato desiderato.

2. **Disponibilità di Professionisti Qualificati:** Poiché il microblading richiede una mano esperta e una conoscenza approfondita dell'anatomia delle sopracciglia, può essere difficile trovare professionisti qualificati e affidabili in alcune aree geografiche.

3. **Costo Iniziale Elevato:** Il costo iniziale del microblading può essere significativo, specialmente se si considera la necessità di eventuali ritocchi futuri. Tuttavia, molti clienti ritengono che il valore a lungo termine dei risultati valga la spesa iniziale.

Vantaggi della Dermopigmentazione:

1. *Durata Prolungata:* Uno dei principali vantaggi della dermopigmentazione è la sua maggiore durata nel tempo rispetto al microblading. Il pigmento depositato più profondamente nella pelle tende a durare più a lungo, offrendo risultati duraturi e minimali necessità di ritocchi.

2. *Copertura Completa:* La dermopigmentazione offre una copertura più completa delle sopracciglia, ideale per colorare e definire anche le zone più sparse o prive di peli.

3. *Adatto a Pelli Grasse o Miste:* Poiché il pigmento viene depositato più profondamente nella pelle, la dermopigmentazione è spesso una scelta migliore per coloro con pelle grassa o mista, che potrebbero trovare il microblading meno duraturo.

4. *Ampia Gamma di Colori:* La dermopigmentazione offre un'ampia gamma di colori tra cui scegliere, permettendo una maggiore personalizzazione e adattabilità alle esigenze del cliente.

Limitazioni della Dermopigmentazione:

1. *Aspetto Meno Naturale:* A causa della maggiore profondità di deposito del pigmento, la dermopigmentazione potrebbe risultare in un aspetto meno naturale rispetto al microblading, specialmente se non eseguita da un professionista esperto.

2. **Tempo di Guarigione Prolungato:** Poiché la dermopigmentazione coinvolge la penetrazione più profonda del pigmento nella pelle, il tempo di guarigione tende ad essere più lungo rispetto al microblading, con potenziali gonfiori e rossori post-trattamento che possono richiedere alcuni giorni per risolversi completamente.

In conclusione, sia il microblading che la dermopigmentazione delle sopracciglia offrono una serie di vantaggi e limitazioni unici. È importante consultare un professionista qualificato per determinare quale tecnica sia più adatta alle proprie esigenze e preferenze estetiche.

5.Popolarità e Domanda del Microblading e della Dermopigmentazione

L'ascesa del microblading e della dermopigmentazione delle sopracciglia negli ultimi anni ha segnato una trasformazione significativa nel settore dell'estetica. La crescente popolarità di queste tecniche è il riflesso di una domanda sempre maggiore da parte dei consumatori che desiderano sopracciglia impeccabili e ben definite, senza il fastidio del trucco quotidiano. Questa sezione esplorerà i motivi dietro la loro crescente popolarità e l'entusiasmo continuo per queste procedure.

Microblading:

1. **Aspetti Estetici e Cosmetici:** Il microblading ha guadagnato una vasta popolarità grazie alla sua capacità di creare sopracciglia dall'aspetto naturale e impeccabile. Con l'aumento dell'attenzione sulle tendenze estetiche e sulle celebrità che sfoggiano sopracciglia perfette, sempre più persone cercano modi per ottenere lo stesso look in modo duraturo e conveniente.

2. **Innovazione Tecnologica:** L'avvento di nuove tecnologie e materiali nel settore dell'estetica ha contribuito a rendere il microblading più sicuro, preciso ed efficace di quanto non fosse in passato. I miglioramenti nei pigmenti e negli strumenti hanno reso questa procedura più accessibile e affidabile per una gamma più ampia di clienti.

Dermopigmentazione:

1. **Soluzione a Lungo Termine:** La dermopigmentazione offre una soluzione a lungo termine per colorare e definire le sopracciglia, attrattiva per coloro che cercano una soluzione duratura senza la necessità di ritocchi frequenti. Questa tecnica ha guadagnato popolarità tra coloro che desiderano risparmiare tempo e fatica nel truccarsi quotidianamente.

2. **Versatilità nelle Applicazioni:** Oltre alle sopracciglia, la dermopigmentazione può essere utilizzata per migliorare una varietà di caratteristiche facciali, come labbra e occhi. Questa versatilità ha ampliato il suo appeal tra coloro che cercano un modo completo per migliorare il loro aspetto complessivo.

Domanda Continua:

1. **Tendenze di Bellezza in Evoluzione:** Con il continuo cambiamento delle tendenze di bellezza e l'attenzione crescente sull'aspetto personale, la domanda per il microblading e la dermopigmentazione continua a crescere. I clienti cercano sempre nuovi modi per migliorare e perfezionare il loro aspetto, spingendo la domanda per queste procedure innovative.

2. **Parole Passaparola e Raccomandazioni:** Il successo del microblading e della dermopigmentazione è alimentato anche dalla potenza del passaparola e delle raccomandazioni. Clienti soddisfatti condividono entusiasticamente i loro risultati con amici e familiari, contribuendo a diffondere la consapevolezza e ad aumentare la domanda per queste tecniche.

In conclusione, la popolarità in crescita del microblading e della dermopigmentazione delle sopracciglia è il risultato di una combinazione di aspetti estetici, tecnologici e sociali. Queste tecniche continuano a suscitare interesse e entusiasmo tra i consumatori, promettendo sopracciglia perfette e un aspetto impeccabile per anni a venire.

II. Storia e evoluzione del microblading e del permanent make up

1. Origini del Microblading: Dalle Tecniche Antiche all'Innovazione Moderna

Il microblading, sebbene oggi considerato una tecnica all'avanguardia nell'ambito dell'estetica delle sopracciglia, ha radici antiche che risalgono a secoli fa. Questo paragrafo esplorerà le origini storiche del microblading, seguendo il suo percorso evolutivo dalle tecniche tradizionali alle innovazioni moderne.

Le prime tracce del microblading possono essere rintracciate in antiche culture come quella giapponese e quella cinese. In Giappone, ad esempio, esisteva una pratica conosciuta come "Kumadori", che coinvolgeva l'utilizzo di polveri di carbone per tracciare linee sottili e definite sul viso, comprese le sopracciglia. Questa tecnica veniva utilizzata principalmente nell'arte teatrale per enfatizzare le espressioni facciali dei performer e comunicare emozioni al pubblico.

Allo stesso modo, in Cina, la pratica del microblading era diffusa tra le popolazioni rurali, dove le donne utilizzavano strumenti rudimentali come bastoncini di bambù e pigmenti naturali per creare tratti simili ai peli delle sopracciglia. Questa tecnica era spesso associata a rituali culturali e cerimonie matrimoniali, dove le sopracciglia definite simboleggiavano bellezza e fertilità.

Nel corso dei secoli, il microblading ha subito diverse trasformazioni e adattamenti in diverse culture in tutto il mondo. Tuttavia, è stato solo nell'era moderna che questa tecnica ha conosciuto una vera e propria rivoluzione grazie all'innovazione tecnologica e alla ricerca scientifica.

Con l'avvento della tecnologia moderna e l'evoluzione dei materiali e degli strumenti, il microblading ha raggiunto livelli di precisione e raffinatezza mai visti prima. L'introduzione di micro-lame ultra sottili e pigmenti appositamente formulati ha permesso agli estetisti di creare sopracciglia incredibilmente realistiche e ben definite, soddisfacendo le esigenze estetiche dei clienti più esigenti.

In conclusione, le origini del microblading risalgono a antiche pratiche culturali che hanno resistito alla prova del tempo e si sono evolute fino a diventare la tecnica avanzata e sofisticata che conosciamo oggi. Questo viaggio storico ci offre una prospettiva preziosa sull'importanza e sull'impatto del microblading nell'estetica contemporanea.

2. Il Percorso Storico del Permanent Make Up: Dalle Prime Applicazioni alle Tecniche Avanzate

Il concetto di permanent make up, anche conosciuto come trucco permanente o trucco semipermanente, ha radici che risalgono a migliaia di anni fa, quando le antiche civiltà utilizzavano pigmenti naturali per decorare e migliorare le caratteristiche facciali. Tuttavia, è solo nell'ultimo secolo che questa pratica ha conosciuto una vera e propria evoluzione, passando dalle prime applicazioni rudimentali alle tecniche avanzate e sofisticate che caratterizzano l'estetica moderna.

Le prime forme di trucco permanente risalgono agli anni '20 del secolo scorso, quando le donne iniziarono a ricorrere a tatuaggi permanenti per definire le sopracciglia e delineare le labbra. Queste prime applicazioni, sebbene efficaci nel creare un aspetto più definito e armonioso, erano spesso limitate dalla tecnologia e dai materiali disponibili all'epoca. I pigmenti utilizzati erano generalmente più limitati in termini di colore e durata, e le procedure potevano essere dolorose e rischiose a causa della mancanza di strumenti e tecniche avanzate.

Negli anni successivi, con l'avanzamento della tecnologia e la crescente popolarità del trucco permanente, sono emerse nuove tecniche e approcci per migliorare la pratica. Gli estetisti hanno iniziato a utilizzare macchinari e strumenti specializzati progettati appositamente per il trucco permanente, consentendo una maggiore precisione e controllo durante le procedure. I pigmenti sono diventati più avanzati e duraturi, garantendo risultati più consistenti e affidabili nel tempo.

Negli ultimi decenni, il permanent make up ha subito ulteriori innovazioni e miglioramenti, grazie alla continua ricerca e sviluppo nel settore dell'estetica. Nuove tecniche, come la dermopigmentazione digitale, hanno reso il trucco permanente ancora più preciso ed efficace, consentendo agli estetisti di creare risultati sorprendenti con minimo disagio per il cliente. La tecnologia laser ha anche rivoluzionato il processo di rimozione del trucco permanente, offrendo un'opzione sicura ed efficace per coloro che desiderano eliminare o correggere pigmenti indesiderati.

In conclusione, il percorso storico del permanent make up rappresenta una continua evoluzione dall'antichità fino ai giorni nostri. Questa pratica ha attraversato molte fasi di sviluppo e miglioramento, culminando in tecniche avanzate e sofisticate che offrono risultati sorprendenti e duraturi per i clienti in cerca di bellezza e perfezione estetica.

3. Trasformazioni Tecnologiche nel Permanent Make Up: Dalla Manualità all'Automazione

Le trasformazioni tecnologiche nel campo del permanent make up hanno rivoluzionato radicalmente l'approccio e la pratica di questa forma d'arte cosmetica. Da un'attività che in passato richiedeva un'elevata manualità e abilità artigianale, il permanent make up è ora supportato da una vasta gamma di tecnologie avanzate che migliorano l'efficienza, la precisione e la sicurezza delle procedure.

Uno dei principali sviluppi tecnologici nel permanent make up è stata l'introduzione di macchinari automatizzati progettati specificamente per eseguire le procedure di dermopigmentazione in modo più rapido e preciso rispetto alla mano umana. Questi dispositivi utilizzano aghi sterili e precisi, controllati da computer, che possono penetrare uniformemente nel derma per depositare pigmenti con precisione millimetrica. Questa automazione non solo riduce il tempo necessario per completare una procedura, ma anche il margine di errore umano, garantendo risultati più uniformi e soddisfacenti.

Oltre alla tecnologia di applicazione automatizzata, ci sono anche strumenti avanzati utilizzati per la preparazione e l'analisi delle zone da trattare. Fotocamere digitali ad alta risoluzione consentono agli estetisti di catturare immagini dettagliate delle caratteristiche facciali del cliente, consentendo una valutazione precisa della simmetria e della forma delle sopracciglia prima della procedura. Queste immagini possono anche essere utilizzate per simulare digitalmente i risultati desiderati, consentendo al cliente di visualizzare e approvare il risultato previsto prima dell'inizio del trattamento.

Inoltre, i pigmenti utilizzati nel permanent make up hanno subito notevoli miglioramenti grazie all'avanzamento della tecnologia cosmetica. I pigmenti moderni sono formulati per essere più stabili nel tempo e meno suscettibili al fading, garantendo risultati duraturi e consistenti nel corso degli anni. Inoltre, questi pigmenti sono spesso ipoallergenici e clinicamente testati per ridurre al minimo il rischio di reazioni avverse da parte del cliente.

In conclusione, le trasformazioni tecnologiche nel campo del permanent make up hanno portato a una nuova era di precisione, sicurezza ed efficienza nelle procedure di dermopigmentazione. Queste innovazioni continuano a migliorare l'esperienza del cliente e ad elevare gli standard professionali nel settore dell'estetica cosmetica.

4. Globalizzazione del Microblading: Come le Culture Locali hanno Contribuito alla Diffusione

Il microblading, una tecnica di bellezza delle sopracciglia che era una volta confinata a specifiche regioni geografiche, ha subito una diffusione globale negli ultimi decenni. Questa espansione è stata alimentata da una varietà di fattori, tra cui la globalizzazione, l'accessibilità delle informazioni e l'interesse crescente per l'estetica personalizzata.

Uno dei principali motori della globalizzazione del microblading è stata la capacità di condivisione e diffusione delle informazioni attraverso Internet e i social media. Piattaforme come Instagram, YouTube e Facebook hanno permesso agli artisti del microblading di condividere il loro lavoro con un pubblico internazionale, mostrando i loro risultati sorprendenti e attirando l'interesse di potenziali clienti in tutto il mondo. Questa visibilità online ha contribuito notevolmente a rendere il microblading una pratica conosciuta e desiderata anche al di fuori delle sue origini culturali.

Inoltre, la globalizzazione ha aperto nuove opportunità di formazione e apprendimento nel campo del microblading. I corsi di formazione e le certificazioni sono diventati accessibili a livello internazionale, consentendo agli aspiranti artisti del microblading di acquisire competenze e conoscenze anche al di fuori dei paesi in cui la pratica è tradizionalmente radicata. Questo ha contribuito a creare una comunità globale di professionisti del microblading che condividono esperienze, tecniche e innovazioni per migliorare costantemente la qualità dei risultati.

Inoltre, va notato che la diffusione del microblading è stata facilitata anche dalle influenze culturali e estetiche. Molti paesi hanno abbracciato il concetto di bellezza delle sopracciglia definite e ben curate, spingendo così la diffusione del microblading attraverso il mondo. Ad esempio, in Corea del Sud, il concetto di "eyebrow embroidery" è diventato estremamente popolare, portando a una crescente domanda di servizi di microblading non solo nel paese, ma anche all'estero, poiché le tendenze di bellezza coreane hanno influenzato la cultura popolare in tutto il mondo.

In sintesi, la globalizzazione del microblading è stata un fenomeno complesso, alimentato da una combinazione di fattori culturali, tecnologici ed economici. Questa diffusione ha aperto nuove opportunità per gli artisti del microblading e ha permesso a sempre più persone di accedere a questa pratica innovativa e trasformativa per migliorare il loro aspetto e la loro autostima.

5. L'Influenza delle Celebrità sull'Evoluzione del Microblading e del Permanent Make Up

Le celebrità hanno sempre esercitato un'enorme influenza sulle tendenze di bellezza e sulle pratiche cosmetiche, e il microblading e il permanent make up non fanno eccezione. Negli ultimi anni, molte celebrità hanno reso pubblica la loro esperienza con queste procedure, contribuendo così a diffondere la consapevolezza e l'accettazione di queste pratiche tra il grande pubblico.

L'influenza delle celebrità sul microblading e sul permanent make up può essere vista in vari modi. In primo luogo, molte celebrità hanno condiviso apertamente la loro esperienza con queste procedure attraverso i social media e interviste pubbliche. Attraverso foto prima e dopo, video tutorial e racconti personali, hanno mostrato al mondo i risultati impressionanti e la trasformazione che il microblading e il permanent make up possono apportare alle loro sopracciglia e al loro aspetto generale. Questo ha contribuito a demistificare le procedure e a sradicare i tabù associati al trucco permanente, rendendolo più accettabile e desiderabile per il pubblico generale.

Inoltre, molte celebrità hanno giocato un ruolo attivo nella promozione e nella sponsorizzazione di marchi e cliniche specializzate nel microblading e nel permanent make up. Attraverso collaborazioni con marchi di cosmetici e estetisti di fama mondiale, hanno contribuito a far conoscere queste pratiche a un pubblico più ampio e a spingere per l'adozione di standard professionali più elevati nel settore. Questa esposizione mediatica ha aumentato la visibilità e la credibilità del microblading e del permanent make up come opzioni valide per migliorare l'aspetto e la fiducia in sé stessi.

Inoltre, non possiamo ignorare l'impatto che le sopracciglia iconiche di alcune celebrità hanno avuto sull'estetica popolare e sulle tendenze di bellezza. Celebrità come Cara Delevingne, Kim Kardashian e Rihanna hanno contribuito a rendere le sopracciglia folte e definite un simbolo di bellezza e stile. Questo ha spinto molte persone a cercare modi per ottenere lo stesso aspetto, aumentando così la domanda di procedure come il microblading e il permanent make up.

In conclusione, l'influenza delle celebrità sull'evoluzione del microblading e del permanent make up è stata significativa e duratura. Attraverso la loro visibilità mediatica, le loro testimonianze personali e il loro impatto sulle tendenze di bellezza, le celebrità hanno giocato un ruolo fondamentale nel rendere queste pratiche più accessibili, accettabili e desiderabili per il grande pubblico.

III. Anatomia delle sopracciglia e struttura del viso

1. Struttura delle Sopracciglia: Analisi dei Componenti e delle Parti Anatomiche

Per comprendere appieno il processo di modellazione e miglioramento delle sopracciglia attraverso tecniche come il microblading e la dermopigmentazione, è essenziale avere una conoscenza dettagliata della struttura anatomica delle sopracciglia stesse. Le sopracciglia non sono semplicemente filamenti di capelli che adornano l'arco sopraccigliare; sono strutture complesse che svolgono una serie di importanti funzioni fisiologiche ed estetiche nel contesto del viso umano.

Al fine di analizzare la struttura delle sopracciglia in modo approfondito, è utile suddividerle in diversi componenti e parti anatomiche. Innanzitutto, esaminiamo la zona dell'arco sopraccigliare, che è la parte più prominente delle sopracciglia e contribuisce in modo significativo all'espressione facciale complessiva. Questa regione è caratterizzata da una curvatura naturale che varia da individuo a individuo e può essere modellata e migliorata attraverso tecniche di microblading e dermopigmentazione per ottenere un arco più definito e armonioso.

Oltre all'arco sopraccigliare, un altro componente importante delle sopracciglia è la zona del corpo delle sopracciglia, che si estende lateralmente dall'arco e segue il contorno superiore dell'orbita oculare. Questa parte delle sopracciglia può essere più o meno spessa e densa a seconda della genetica e delle caratteristiche individuali del viso. Nel microblading e nella dermopigmentazione, è importante considerare la forma e la lunghezza del corpo delle sopracciglia per ottenere risultati estetici equilibrati e naturali.

Infine, dobbiamo esaminare la coda delle sopracciglia, che è la parte finale delle sopracciglia e si trova all'estremità laterale dell'arco. La forma e la lunghezza della coda delle sopracciglia possono influenzare notevolmente l'aspetto complessivo del viso e la sua simmetria. Tecniche come il microblading possono essere utilizzate per correggere eventuali disarmonie nella forma o nella lunghezza della coda delle sopracciglia, garantendo un aspetto più bilanciato e armonioso.

In conclusione, l'analisi dei componenti e delle parti anatomiche delle sopracciglia fornisce una base essenziale per l'esecuzione efficace di tecniche di miglioramento estetico come il microblading e la dermopigmentazione. Comprendere la struttura delle sopracciglia consente agli estetisti di valutare le caratteristiche individuali del viso del cliente e di creare risultati su misura che migliorano l'aspetto estetico e la fiducia in sé stessi.

2. La Relazione tra Sopracciglia e Viso: Armonia delle Proporzioni e dell'Espressione

Le sopracciglia giocano un ruolo fondamentale nell'armonia delle proporzioni del viso umano e nell'espressione emotiva di una persona. La loro forma, dimensione e posizione influenzano direttamente l'aspetto complessivo del viso e la capacità di comunicare emozioni attraverso le espressioni facciali. Pertanto, comprendere e rispettare la relazione tra sopracciglia e viso è cruciale per ottenere risultati estetici soddisfacenti e naturali mediante tecniche come il microblading e la dermopigmentazione.

In primo luogo, è importante considerare la forma del viso quando si modella le sopracciglia. Le proporzioni del viso possono variare notevolmente da individuo a individuo e includono forme come ovale, rotonda, quadrata e a cuore. La forma del viso influenzerà la scelta della forma e dell'architettura delle sopracciglia, poiché l'obiettivo è quello di creare un equilibrio armonioso tra le caratteristiche del viso e le sopracciglia stesse. Ad esempio, per un viso rotondo, può essere consigliabile optare per sopracciglia con una forma leggermente angolare per creare un effetto di allungamento e slancio, mentre per un viso ovale, le sopracciglia più piene e arrotondate possono aiutare a bilanciare le proporzioni.

Oltre alla forma del viso, è importante considerare anche la posizione delle sopracciglia in relazione agli occhi e agli altri tratti del viso. Le sopracciglia ben posizionate possono aprire lo sguardo, definire la linea delle palpebre e migliorare l'aspetto complessivo del viso. Tuttavia, una posizione errata delle sopracciglia può avere l'effetto opposto, creando uno sguardo stanco, triste o arrabbiato. Pertanto, durante le procedure di microblading e dermopigmentazione, è fondamentale valutare attentamente la posizione delle sopracciglia e apportare eventuali correzioni per garantire un risultato estetico ottimale.

Infine, va considerato anche il colore e la tonalità delle sopracciglia in relazione al colore dei capelli e della pelle. Il colore delle sopracciglia dovrebbe armonizzare con il resto dei tratti del viso e accentuare la bellezza naturale del cliente. Durante le procedure di microblading e dermopigmentazione, è possibile selezionare pigmenti appositamente formulati per adattarsi al colore dei capelli e della pelle del cliente, garantendo un risultato naturale e impeccabile.

In conclusione, la relazione tra sopracciglia e viso è un elemento chiave da considerare durante il processo di modellazione e miglioramento delle sopracciglia. Rispettare l'armonia delle proporzioni e dell'espressione del viso consente agli estetisti di creare risultati estetici su misura che migliorano l'aspetto complessivo del cliente e accentuano la sua bellezza naturale.

3. Tipologie di Sopracciglia in Base alla Forma del Viso: Adattamento Morfologico e Stile Personale

Le varie forme del viso richiedono differenti approcci nella modellazione delle sopracciglia al fine di accentuare i tratti distintivi e creare un aspetto equilibrato e armonioso. Per questo motivo, è fondamentale comprendere le caratteristiche specifiche di ciascuna forma del viso e adattare le sopracciglia di conseguenza per ottenere risultati estetici ottimali. Esaminiamo quindi le tipologie di sopracciglia più adatte a diverse forme del viso e come queste possono essere personalizzate per rispecchiare lo stile e le preferenze individuali del cliente.

Per i visi ovali, che sono caratterizzati da una lunghezza leggermente maggiore rispetto alla larghezza e da linee morbide e arrotondate, le sopracciglia leggermente arcuate e piuttosto folte possono completare l'aspetto naturale e armonioso del viso. La forma leggermente arcuata aiuta a creare una sensazione di allungamento e slancio, mentre la densità delle sopracciglia contribuisce a bilanciare la struttura generale del viso.

Nel caso dei visi rotondi, caratterizzati da linee morbide e curve senza spigoli pronunciati, è consigliabile optare per sopracciglia leggermente angolari per creare un effetto di allungamento e slancio. Le sopracciglia con un arco più definito e una forma leggermente inclinata verso l'alto possono contribuire a dare una sensazione di verticalità al viso e a bilanciare le proporzioni generali.

Per i visi quadrati, che presentano linee nette e angoli pronunciati, le sopracciglia più morbide e arrotondate possono aiutare a mitigare la rigidezza delle linee del viso. Sopracciglia leggermente arrotondate e non troppo sottili possono contribuire a dare un aspetto più dolce e femminile al viso quadrato, creando un contrasto gradevole con le linee più nette della mascella e delle guance.

Infine, per i visi a cuore, caratterizzati da una fronte ampia e una mandibola più stretta, le sopracciglia più piene e ben definite possono aiutare a bilanciare le proporzioni del viso. Sopracciglia con una forma naturale e una leggera curvatura possono aiutare a creare un effetto di equilibrio tra la fronte più ampia e la mandibola più stretta, migliorando l'aspetto complessivo del viso.

In sintesi, adattare le sopracciglia alla forma del viso è essenziale per ottenere risultati estetici armoniosi e soddisfacenti. Comprendere le caratteristiche specifiche di ciascuna forma del viso e selezionare le sopracciglia più adatte può fare la differenza nell'aspetto complessivo del cliente, migliorando la sua autostima e la sua fiducia in sé stesso.

4. Ruolo delle Sopracciglia nell'Espressione Facciale: Comunicazione Non Verbale e Emotività

Le sopracciglia svolgono un ruolo fondamentale nella comunicazione non verbale e nell'espressione emotiva del viso umano. Oltre alla loro funzione estetica di definire l'aspetto del viso, le sopracciglia sono essenziali per trasmettere una vasta gamma di emozioni e stati d'animo attraverso piccoli movimenti e variazioni nella loro forma e posizione. Questo ruolo fondamentale delle sopracciglia nell'espressione facciale è stato ampiamente studiato nel campo della psicologia e della comunicazione non verbale, e comprendere come le sopracciglia influenzano la percezione e l'interpretazione delle emozioni può essere utile per gli estetisti che desiderano creare risultati estetici che riflettano l'autenticità e la naturalezza delle espressioni umane.

Le sopracciglia possono assumere una varietà di forme e posizioni che comunicano emozioni diverse. Ad esempio, sopracciglia sollevate possono indicare sorpresa o interesse, mentre sopracciglia abbassate possono suggerire preoccupazione o disapprovazione. Inoltre, la forma e la curvatura delle sopracciglia possono influenzare l'aspetto complessivo del viso e contribuire a creare un'atmosfera di gentilezza, severità o fiducia a seconda delle preferenze individuali e del contesto sociale.

In aggiunta, le sopracciglia svolgono un ruolo cruciale nella comunicazione della simpatia e dell'empatia. Sopracciglia leggermente sollevate o arcuate possono suggerire interesse e apertura verso gli altri, mentre sopracciglia abbassate possono trasmettere disinteresse o sfiducia. Gli estetisti devono quindi considerare attentamente la forma e la posizione delle sopracciglia durante le procedure di modellazione e miglioramento, al fine di creare un'atmosfera accogliente e rassicurante che faciliti una comunicazione efficace e una connessione emotiva con il cliente.

Inoltre, è importante tenere presente che le sopracciglia possono variare notevolmente da persona a persona in termini di densità, colore e forma naturale. Questa diversità individuale può influenzare la percezione e l'interpretazione delle emozioni attraverso le sopracciglia e richiede un approccio personalizzato nella modellazione e nel miglioramento delle sopracciglia per garantire risultati estetici autentici e rispettosi delle caratteristiche individuali del cliente.

In sintesi, il ruolo delle sopracciglia nell'espressione facciale è cruciale per la comunicazione non verbale e l'espressione emotiva del viso umano. Comprendere come le sopracciglia influenzano la percezione e l'interpretazione delle emozioni può aiutare gli estetisti a creare risultati estetici che riflettano l'autenticità e la naturalezza delle espressioni umane, migliorando così l'aspetto complessivo del cliente e la sua connessione emotiva con il mondo circostante.

5. Il Processo di Invecchiamento e le Sopracciglia: Cambiamenti Anatomici e Trattamenti Correttivi

Con il passare del tempo, il viso subisce una serie di cambiamenti anatomici che influenzano anche la forma e l'aspetto delle sopracciglia. Il processo di invecchiamento porta a una diminuzione della produzione di collagene e elastina, che può causare una perdita di tono e elasticità della pelle, incluso il distendersi della fronte e delle sopracciglia. Questi cambiamenti possono portare a una posizione più bassa delle sopracciglia rispetto alla loro posizione naturale giovanile, creando un aspetto più stanco, cadente o arrabbiato.

Inoltre, con l'invecchiamento, si possono verificare anche cambiamenti nella densità e nella pigmentazione dei capelli delle sopracciglia. Molte persone sperimentano una diminuzione della densità dei capelli delle sopracciglia, che può rendere le sopracciglia più sottili e meno definite. Allo stesso tempo, i capelli delle sopracciglia possono diventare grigi o bianchi, contribuendo a un aspetto complessivo di invecchiamento e perdita di vitalità.

Per affrontare questi cambiamenti legati all'invecchiamento delle sopracciglia, esistono una serie di trattamenti correttivi disponibili, tra cui il microblading e la dermopigmentazione. Queste tecniche consentono agli estetisti di ridisegnare e migliorare la forma, la densità e il colore delle sopracciglia, creando un aspetto più giovane, fresco e vibrante. Attraverso il microblading, è possibile aggiungere manualmente capelli sottili e precisi alla zona delle sopracciglia, riproducendo l'aspetto naturale dei capelli e migliorando la definizione e la forma. D'altra parte, la dermopigmentazione offre la possibilità di aggiungere pigmento alla pelle delle sopracciglia, creando un effetto di riempimento e definizione che dura nel tempo.

Tuttavia, è importante considerare che i trattamenti correttivi per le sopracciglia legati all'invecchiamento devono essere eseguiti con attenzione e competenza da parte di professionisti qualificati. La pelle del viso, compresa la zona delle sopracciglia, può diventare più sottile e sensibile con l'invecchiamento, quindi è essenziale utilizzare tecniche sicure e approvate per minimizzare il rischio di complicazioni o danni alla pelle. Gli estetisti devono anche tenere conto delle preferenze individuali del cliente e lavorare in stretta collaborazione con loro per garantire risultati soddisfacenti e naturali.

In conclusione, il processo di invecchiamento può influenzare significativamente la forma e l'aspetto delle sopracciglia, ma attraverso i trattamenti correttivi come il microblading e la dermopigmentazione, è possibile migliorare e ridare vitalità alle sopracciglia, creando un aspetto più giovane e fresco. È importante tuttavia che questi trattamenti siano eseguiti con cautela e competenza da parte di professionisti qualificati, per garantire risultati sicuri e soddisfacenti per il cliente.

IV. Strumenti e materiali necessari per il microblading e la dermopigmentazione

1. Strumenti Essenziali per il Microblading

Il microblading è un'arte che richiede precisione e strumenti specializzati per ottenere risultati impeccabili e duraturi. Prima di intraprendere qualsiasi procedura di microblading, è essenziale familiarizzare con una serie di strumenti di alta qualità che sono indispensabili per eseguire la tecnica in modo sicuro ed efficace. Questi strumenti non solo facilitano la creazione di linee sottili e dettagliate che imitano i capelli naturali, ma anche la gestione dell'igiene e della sicurezza durante l'intero processo.

Innanzitutto, uno degli strumenti fondamentali per il microblading è il microblading pen, o penna per microblading. Questo strumento è progettato con una lama a forma di lama ultra sottile che consente agli estetisti di disegnare manualmente capelli sottili e precisi nell'area delle sopracciglia. La scelta di un microblading pen di alta qualità è cruciale, poiché una lama ben progettata e affilata garantisce una maggiore precisione e controllo durante la procedura, riducendo al minimo il rischio di lesioni cutanee o risultati non desiderati.

Oltre al microblading pen, un altro strumento essenziale è la lama da microblading, che è la parte intercambiabile della penna che contiene la lama. Le lame da microblading sono disponibili in una varietà di dimensioni e forme per adattarsi alle esigenze specifiche della procedura e del cliente. La scelta della lama giusta dipende dalla densità dei capelli naturali del cliente, dalla forma desiderata delle sopracciglia e dalla tecnica di microblading preferita dall'estetista.

Per garantire la precisione e l'igiene durante la procedura, è importante utilizzare anche strumenti ausiliari come il righello per microblading e il calibro per microblading. Questi strumenti consentono agli estetisti di misurare con precisione le proporzioni delle sopracciglia, tracciare linee guida e garantire simmetria e equilibrio nell'aspetto finale delle sopracciglia. Inoltre, l'utilizzo di strumenti di misurazione riduce il rischio di errori durante il processo e assicura risultati uniformi e coerenti per ogni cliente.

Infine, la sterilità e l'igiene sono di fondamentale importanza nel microblading, quindi è essenziale disporre di strumenti per la preparazione dell'area di lavoro e la disinfezione degli strumenti. Questi possono includere disinfettanti per la pelle, guanti monouso, mascherine facciali e strumenti per la sterilizzazione degli strumenti come autoclavi o dispositivi a raggi ultravioletti. Assicurarsi che tutti gli strumenti siano puliti e sterilizzati riduce il rischio di infezioni o reazioni avverse da parte del cliente, garantendo un'esperienza sicura e confortevole durante la procedura di microblading.

2. Materiali Fondamentali per la Dermopigmentazione

La dermopigmentazione è un procedimento articolato che richiede l'uso di diversi materiali per garantire risultati duraturi e soddisfacenti. La scelta dei materiali giusti è essenziale per ottenere pigmentazioni uniformi, sicure e durature, e per assicurare la massima igiene e sicurezza durante la procedura. In questo paragrafo esamineremo i materiali fondamentali necessari per eseguire la dermopigmentazione in modo efficace e professionale.

Innanzitutto, uno dei materiali più importanti per la dermopigmentazione è il pigmento. I pigmenti sono sostanze coloranti che vengono inserite nello strato superiore della pelle per creare l'effetto desiderato sulle sopracciglia. È fondamentale scegliere pigmenti di alta qualità che siano sicuri, stabili nel tempo e abbinati al tono naturale della pelle e dei capelli del cliente. I pigmenti devono essere conformi agli standard di sicurezza e approvati dalle autorità competenti per garantire la salute e il benessere del cliente.

Oltre ai pigmenti, un altro materiale essenziale per la dermopigmentazione è l'ago per micro-pigmentazione. Gli aghi per micro-pigmentazione sono progettati per penetrare delicatamente nello strato superficiale della pelle e depositare il pigmento in modo uniforme e controllato. La scelta dell'ago giusto dipende dalle preferenze individuali dell'estetista, dalla tecnica di dermopigmentazione utilizzata e dalle caratteristiche della pelle del cliente. Gli aghi devono essere monouso e sterili per garantire la massima sicurezza e ridurre al minimo il rischio di contaminazione o infezione.

Un altro materiale indispensabile è il dispositivo di pigmentazione, comunemente noto come macchina per dermopigmentazione o dermografo. Questo dispositivo è progettato per ospitare gli aghi e controllare la velocità e la profondità della penetrazione nella pelle durante la procedura di dermopigmentazione. È importante scegliere un dispositivo di pigmentazione di alta qualità che sia affidabile, preciso e facile da usare, per garantire risultati uniformi e soddisfacenti per ogni cliente.

Infine, è importante considerare anche i materiali ausiliari necessari per preparare l'area di lavoro e assicurare la massima igiene e sicurezza durante la procedura. Questi possono includere garze sterili, disinfettanti per la pelle, guanti monouso e protezioni per il viso. Assicurarsi di utilizzare materiali puliti e sterili riduce il rischio di complicazioni o reazioni avverse durante la dermopigmentazione, garantendo un'esperienza sicura e confortevole per il cliente.

3. Microblading: Strumenti di Precisione per la Creazione di Capelli Sottili

Il microblading è una tecnica di precisione che richiede l'uso di strumenti appositamente progettati per creare capelli sottili e dettagliati che imitano l'aspetto naturale dei peli delle sopracciglia. Gli strumenti utilizzati nel microblading sono fondamentali per ottenere risultati realistici e duraturi, in grado di soddisfare le aspettative del cliente e migliorare l'estetica complessiva delle sopracciglia.

Uno dei principali strumenti utilizzati nel microblading è il microblading pen, o penna per microblading. Questo strumento è progettato con una lama ultra sottile e precisa che consente agli estetisti di creare linee di capelli sottili e definite con estrema precisione. La lama del microblading pen è realizzata in lega di titanio o acciaio inossidabile di alta qualità, ed è disponibile in una varietà di dimensioni e forme per adattarsi alle preferenze individuali dell'estetista e alla morfologia delle sopracciglia del cliente.

Oltre alla penna per microblading, un altro strumento fondamentale è il pigmento per microblading. Il pigmento è un colore speciale progettato per essere inserito nello strato superficiale della pelle durante la procedura di microblading. La scelta del pigmento giusto è essenziale per ottenere un colore naturale e duraturo che si adatti al tono della pelle e dei capelli del cliente. I pigmenti per microblading sono disponibili in una vasta gamma di tonalità e sfumature, e gli estetisti devono essere in grado di selezionare il colore più adatto per ottenere risultati ottimali.

Un altro strumento cruciale nel processo di microblading è la lama da microblading, che è la parte intercambiabile della penna che contiene la lama. Le lame da microblading sono disponibili in diverse configurazioni, tra cui la forma a U, la forma a L e la forma a U flessibile, ciascuna progettata per creare un effetto di capelli diverso e adattarsi alle preferenze del cliente. La scelta della lama giusta dipende dalla densità e dalla struttura naturale dei capelli del cliente, nonché dal risultato desiderato.

Inoltre, per garantire la precisione e la simmetria durante la procedura di microblading, gli estetisti spesso utilizzano strumenti ausiliari come righelli per microblading e stencil per sopracciglia. Questi strumenti consentono agli estetisti di tracciare linee guida e schemi di disegno prima di iniziare la procedura, assicurando risultati uniformi e armoniosi per ogni cliente. Assicurarsi di utilizzare strumenti di precisione durante il microblading è essenziale per garantire risultati soddisfacenti e duraturi che rispecchiano l'aspetto naturale delle sopracciglia.

4. Dermopigmentazione: Pigmenti e Colori per un Risultato Naturale

La dermopigmentazione, o trucco permanente, coinvolge l'applicazione di pigmenti nella pelle per migliorare o correggere la forma, il colore e la definizione delle sopracciglia. La scelta dei pigmenti è fondamentale per ottenere un risultato naturale e armonioso che si integri perfettamente con il viso e il tono della pelle del cliente.

Quando si selezionano i pigmenti per la dermopigmentazione delle sopracciglia, è importante considerare una serie di fattori, tra cui il colore naturale dei capelli e della pelle del cliente, il tono e il sottotono della pelle, nonché la preferenza personale del cliente. I pigmenti per la dermopigmentazione sono disponibili in una vasta gamma di colori e sfumature, dai toni caldi ai toni freddi, dai marroni naturali ai neri intensi, dai biondi luminosi ai grigi delicati. Gli estetisti devono essere in grado di scegliere il colore e la sfumatura giusti per creare un risultato naturale e personalizzato per ogni cliente.

Oltre al colore, la consistenza e la qualità del pigmento sono fattori cruciali da considerare. I pigmenti per la dermopigmentazione devono essere formulati per essere stabili nel tempo e non sbiadire o cambiare colore nel corso del tempo. È importante utilizzare pigmenti di alta qualità che siano conformi agli standard di sicurezza e approvati dalle autorità competenti per garantire la salute e il benessere del cliente.

Durante la procedura di dermopigmentazione, gli estetisti possono mescolare diversi pigmenti per ottenere il colore perfetto che si adatta al tono naturale della pelle del cliente. Questa tecnica di miscelazione dei colori consente agli estetisti di personalizzare il risultato in base alle preferenze del cliente e di creare un aspetto naturale e realistico che si fonde armoniosamente con le caratteristiche del viso.

Inoltre, gli estetisti devono considerare il processo di guarigione della pelle e come il colore del pigmento può evolversi nel tempo. Durante il periodo di guarigione, il colore del pigmento può subire una leggera variazione e diventare più morbido e naturale. È importante informare il cliente su cosa aspettarsi durante il processo di guarigione e fornire indicazioni dettagliate su come prendersi cura delle sopracciglia per garantire un risultato ottimale.

5. Strumenti ausiliari per la Preparazione dell'Area di Lavoro

La preparazione dell'area di lavoro è una fase essenziale prima di iniziare qualsiasi procedura di microblading o dermopigmentazione delle sopracciglia. Utilizzare gli strumenti giusti per garantire un ambiente pulito, sicuro e igienico è fondamentale per la salute e il benessere del cliente, nonché per il successo complessivo della procedura. In questo paragrafo esamineremo i vari strumenti ausiliari utilizzati durante la preparazione dell'area di lavoro e spiegheremo il loro ruolo nel garantire una procedura sicura e confortevole.

Uno dei primi strumenti ausiliari utilizzati è il disinfettante per la pelle. Prima di iniziare la procedura, è importante pulire e disinfettare accuratamente l'area delle sopracciglia per rimuovere eventuali residui di trucco, olio o sporco che potrebbero compromettere i risultati della procedura o aumentare il rischio di infezioni. Il disinfettante per la pelle è formulato per eliminare batteri, virus e altri agenti patogeni, garantendo un ambiente sterile e sicuro per la procedura.

In aggiunta al disinfettante per la pelle, è consigliabile utilizzare garze sterili per pulire l'area di lavoro e rimuovere qualsiasi residuo o liquido in eccesso. Le garze sterili sono progettate per essere sicure e igieniche e riducono al minimo il rischio di contaminazione durante la procedura. Assicurarsi di utilizzare garze monouso e cambiarle regolarmente per mantenere un ambiente di lavoro pulito e sicuro.

Un altro strumento ausiliario importante è la protezione per il viso, come mascherine chirurgiche o visiere trasparenti. Le protezioni per il viso aiutano a ridurre la diffusione di germi e agenti patogeni nell'aria durante la procedura e proteggono sia l'estetista che il cliente da potenziali contaminazioni. È importante indossare la protezione per il viso correttamente e sostituirla regolarmente per mantenere un ambiente di lavoro igienico e sicuro.

Infine, è consigliabile utilizzare guanti monouso durante la procedura per proteggere le mani dall'esposizione ai fluidi corporei del cliente e ridurre al minimo il rischio di contaminazione incrociata. I guanti monouso sono disponibili in diverse taglie e materiali e devono essere indossati durante tutta la procedura, compresa la preparazione dell'area di lavoro e l'applicazione del pigmento.

Assicurarsi di utilizzare tutti gli strumenti ausiliari in modo corretto e appropriato è essenziale per garantire la sicurezza e il benessere del cliente durante la procedura di microblading o dermopigmentazione delle sopracciglia.

6. Materiali per l'Igiene e la Sicurezza durante le Procedure

Durante le procedure di microblading e dermopigmentazione delle sopracciglia, garantire l'igiene e la sicurezza è di fondamentale importanza per proteggere la salute del cliente e prevenire il rischio di infezioni o complicazioni. In questo paragrafo esamineremo i materiali specifici utilizzati per garantire un ambiente di lavoro igienico e sicuro e le pratiche consigliate per la gestione dei materiali durante le procedure.

Uno dei materiali fondamentali per l'igiene durante le procedure è il campo sterile, o drappo sterile. Il campo sterile è posto sopra l'area di lavoro per creare una barriera tra la pelle del cliente e gli strumenti e i materiali utilizzati durante la procedura. Questo aiuta a ridurre al minimo il rischio di contaminazione incrociata e protegge l'area di lavoro da contaminanti esterni.

In aggiunta al campo sterile, è importante utilizzare salviette disinfettanti o alcol per pulire gli strumenti e le superfici di lavoro tra un cliente e l'altro. Le salviette disinfettanti sono formulate per eliminare batteri, virus e altri agenti patogeni e sono particolarmente utili per disinfettare gli strumenti non sterilizzabili come i pen per microblading. È importante seguire le istruzioni del produttore per garantire una disinfezione efficace.

Per garantire la sicurezza durante le procedure, è importante utilizzare aghi e lame monouso. Gli aghi e le lame monouso sono progettati per essere utilizzati una sola volta e poi gettati via, riducendo al minimo il rischio di contaminazione incrociata e garantendo risultati igienici e sicuri per ogni cliente. Assicurarsi di utilizzare aghi e lame monouso di alta qualità e conformi agli standard di sicurezza.

Infine, è importante disporre di un adeguato smaltimento dei rifiuti biologici. Durante le procedure di microblading e dermopigmentazione delle sopracciglia, vengono prodotti rifiuti biologici come aghi monouso e tessuti utilizzati per la pulizia e la preparazione dell'area di lavoro. Assicurarsi di smaltire correttamente i rifiuti biologici secondo le normative locali e le linee guida per la gestione dei rifiuti sanitari.

Garantire l'igiene e la sicurezza durante le procedure di microblading e dermopigmentazione delle sopracciglia è fondamentale per proteggere la salute e il benessere del cliente e mantenere gli standard professionali più elevati.

7. Accessori per la Consultazione con il Cliente e l'Analisi del Viso

Durante la fase di consultazione con il cliente e l'analisi del viso, è essenziale utilizzare una serie di accessori che facilitino la comunicazione e consentano una valutazione accurata delle caratteristiche del viso del cliente. Questi accessori sono progettati per aiutare l'estetista a comprendere le preferenze del cliente, valutare la forma del viso e delle sopracciglia, e pianificare la procedura in modo appropriato.

Uno degli accessori più utili durante la consultazione con il cliente è lo specchio portatile. Lo specchio portatile consente al cliente di osservare da vicino le proprie sopracciglia e comunicare le proprie preferenze e aspettative all'estetista. È importante che lo specchio sia di buona qualità e abbia una superficie riflettente chiara per consentire al cliente di visualizzare i dettagli con precisione.

In aggiunta allo specchio portatile, è utile utilizzare strumenti di misurazione per valutare la simmetria e le proporzioni del viso del cliente. Gli strumenti di misurazione possono includere regoli, compassi e strumenti di misurazione digitale che consentono all'estetista di valutare la distanza tra le sopracciglia, la lunghezza delle sopracciglia e altre misure chiave per determinare la forma e le proporzioni ideali delle sopracciglia.

Per una valutazione più approfondita delle caratteristiche del viso, gli estetisti possono utilizzare anche guanti in lattice o in nitrile durante l'analisi del viso del cliente. I guanti proteggono le mani dell'estetista e consentono una valutazione tattile delle caratteristiche del viso, come la consistenza della pelle e la forma delle sopracciglia. Assicurarsi di utilizzare guanti monouso e cambiarli tra un cliente e l'altro per mantenere un ambiente di lavoro igienico.

Infine, è utile avere a disposizione campioni di pigmenti e colori per consentire al cliente di visualizzare le opzioni disponibili e scegliere il colore e la tonalità desiderati per le sopracciglia. I campioni di pigmenti possono essere presentati su una tavolozza o su strisce di carta per consentire al cliente di confrontare diverse opzioni e prendere una decisione informata.

Utilizzare accessori appropriati durante la consultazione con il cliente e l'analisi del viso è fondamentale per garantire una comunicazione efficace e una pianificazione accurata della procedura, garantendo così la massima soddisfazione del cliente.

8. Strumenti Specializzati per Correzioni e Ritocchi durante il Processo

Durante il processo di microblading e dermopigmentazione delle sopracciglia, possono verificarsi varie situazioni che richiedono correzioni o ritocchi per ottenere i risultati desiderati. Per affrontare queste sfide in modo efficace e professionale, è essenziale avere a disposizione una serie di strumenti specializzati progettati per correggere piccoli errori, migliorare la simmetria e aggiustare il colore.

Uno degli strumenti più utilizzati per le correzioni durante il processo è il pennello angolato. Questo strumento è dotato di setole sottili e compatte disposte su un angolo, che consente all'estetista di applicare con precisione il pigmento o la soluzione correttiva nelle aree in cui è necessario aggiustare la forma o la definizione delle sopracciglia. Il pennello angolato è particolarmente utile per creare linee definite e capelli sottili durante il microblading.

In aggiunta al pennello angolato, gli estetisti possono utilizzare anche penne per correzione o ritocco. Queste penne sono dotate di una punta fine e precisa che consente all'estetista di applicare il pigmento o la soluzione correttiva con precisione sulle aree che richiedono aggiustamenti. Le penne per correzione possono essere utilizzate per creare dettagli sottili, aggiungere definizione o modificare la forma delle sopracciglia in modo rapido e preciso.

Per i ritocchi del colore durante il processo, è utile utilizzare una varietà di pigmenti e colori adatti alla pelle e alle preferenze del cliente. I pigmenti devono essere selezionati con cura in base alla tonalità della pelle, al colore naturale delle sopracciglia e alle preferenze estetiche del cliente per garantire risultati naturali e armoniosi. Assicurarsi di avere a disposizione una gamma di pigmenti di alta qualità e formulazioni adatte a diverse esigenze di colore.

Infine, è importante avere a disposizione anche strumenti per la rimozione del pigmento in eccesso o per la pulizia delle sopracciglia durante il processo. Questi strumenti possono includere bastoncini di cotone, dischetti di cotone e soluzioni detergenti delicate che consentono all'estetista di rimuovere con precisione il pigmento in eccesso o i residui durante la procedura senza compromettere i risultati finali.

Utilizzare strumenti specializzati per correzioni e ritocchi durante il processo è fondamentale per garantire risultati precisi, naturali e soddisfacenti per il cliente.

V. Preparazione dell'area di lavoro e misure igieniche

1. Procedura di Pulizia e Disinfezione delle Superfici

La pulizia e la disinfezione delle superfici nella zona di lavoro sono passaggi fondamentali per garantire un ambiente sicuro e igienico durante le procedure di microblading e dermopigmentazione delle sopracciglia. Questa procedura non solo riduce al minimo il rischio di infezioni crociate, ma anche rassicura il cliente sulla tua attenzione per la loro salute e benessere durante il trattamento.

Per iniziare, assicurati di avere a portata di mano un detergente efficace per la pulizia delle superfici. Scegli un detergente che sia specificamente formulato per eliminare i residui di pigmento, olio e batteri dalle superfici, garantendo una pulizia completa e profonda. Prima di iniziare qualsiasi procedura, assicurati di lavare le mani accuratamente con acqua e sapone, utilizzando una tecnica appropriata per almeno 20 secondi.

Una volta lavate le mani, inizia la procedura di pulizia delle superfici applicando il detergente sulle superfici della postazione di lavoro, inclusi tavoli, sedie, supporti per strumenti e qualsiasi altra area che verrà a contatto con te o il cliente durante la procedura. Utilizza un panno pulito o una spugna per strofinare il detergente sulle superfici, assicurandoti di coprire tutte le aree in modo uniforme.

Dopo aver strofinato il detergente sulle superfici, lascia agire il prodotto per il tempo raccomandato dal produttore, di solito alcuni minuti, per consentire al detergente di agire efficacemente contro batteri e virus. Durante questo tempo, assicurati di non toccare le superfici appena trattate per evitare la contaminazione.

Una volta trascorso il tempo di azione del detergente, risciacqua accuratamente le superfici con acqua pulita per rimuovere eventuali residui di detergente. Utilizza asciugamani puliti o un panno asciutto per asciugare completamente le superfici e rimuovere l'umidità residua.

Dopo la pulizia, passa alla fase di disinfezione delle superfici utilizzando un disinfettante approvato. Assicurati di seguire attentamente le istruzioni del produttore per diluire e applicare correttamente il disinfettante sulle superfici. Lascia asciugare il disinfettante sulle superfici per il tempo specificato dal produttore per garantire un'efficace disinfezione.

Una volta completata la disinfezione, verifica visivamente che tutte le superfici siano pulite, asciutte e prive di residui di detergente o disinfettante. Mantieni una routine regolare di pulizia e disinfezione delle superfici prima e dopo ogni cliente per garantire un ambiente di lavoro sicuro e igienico.

2. Utilizzo di Attrezzature Sterili durante la Preparazione

Durante la preparazione per una sessione di microblading o dermopigmentazione delle sopracciglia, è di fondamentale importanza assicurarsi che tutte le attrezzature utilizzate siano completamente sterili per garantire la sicurezza del cliente e prevenire qualsiasi rischio di contaminazione o infezione.

Per prima cosa, assicurati di avere a disposizione un autoclave o un altro dispositivo di sterilizzazione approvato per sterilizzare tutti gli strumenti e le attrezzature riutilizzabili. L'autoclave è uno strumento essenziale in qualsiasi studio di estetica, in quanto utilizza vapore ad alta pressione e temperatura per distruggere batteri, virus e altri agenti patogeni presenti sugli strumenti.

Prima di avviare il ciclo di sterilizzazione dell'autoclave, assicurati di pulire accuratamente tutti gli strumenti con acqua e sapone o un detergente specifico per rimuovere qualsiasi residuo di pigmento, olio o altri contaminanti. Una volta puliti, avvolgi gli strumenti in confezioni sterile o inseriscili in sacchetti di sterilizzazione e posizionali nell'autoclave seguendo le istruzioni del produttore.

Durante il ciclo di sterilizzazione, verifica che l'autoclave raggiunga la temperatura e la pressione corrette per il tempo specificato per garantire una sterilizzazione efficace degli strumenti. Una volta completato il ciclo, rimuovi gli strumenti dall'autoclave utilizzando guanti sterili e manipolali con cura per evitare la contaminazione.

Prima di utilizzare gli strumenti sterilizzati sulla cliente, assicurati di verificare visivamente che siano privi di danni, come scheggiature o deformazioni, che potrebbero compromettere la loro efficacia o la sicurezza del trattamento. In caso di danni agli strumenti, sostituiscili immediatamente con strumenti nuovi e sterilizzati per garantire un trattamento sicuro e di alta qualità.

Durante la procedura, mantieni gli strumenti sterilizzati su una superficie pulita e sterile, evitando il contatto con superfici non sterilizzate o contaminanti. Utilizza guanti sterili durante l'intera procedura e sostituiscili regolarmente per evitare la contaminazione incrociata tra strumenti sterilizzati e non sterilizzati.

Infine, dopo aver completato la procedura, ripeti il ciclo di pulizia e sterilizzazione degli strumenti utilizzati per prepararli per la successiva sessione di trattamento. Mantenere un rigoroso protocollo di sterilizzazione è essenziale per garantire la sicurezza e la salute dei clienti e mantenere gli standard igienici più elevati nel tuo studio di estetica.

3. Organizzazione e Disposizione degli Strumenti sulla Postazione di Lavoro

L'organizzazione e la disposizione degli strumenti sulla postazione di lavoro sono cruciali per garantire un flusso di lavoro efficiente e sicuro durante le procedure di microblading e dermopigmentazione delle sopracciglia. Una postazione di lavoro ben organizzata non solo facilita il tuo lavoro come estetista, ma anche rassicura il cliente sulla tua professionalità e attenzione ai dettagli.

Per iniziare, assicurati di avere una postazione di lavoro pulita e ordinata, priva di disordine o confusione. Utilizza contenitori o vassoi appositi per organizzare gli strumenti e i materiali in modo che siano facilmente accessibili e ben visibili durante la procedura. In questo modo, potrai evitare ritardi e interruzioni durante il trattamento e concentrarti completamente sul cliente e sul risultato finale.

Disponi gli strumenti in base alla loro frequenza di utilizzo e importanza, posizionando quelli più utilizzati e indispensabili più vicino a te sulla postazione di lavoro. Ad esempio, le lame per il microblading, i pigmenti e i disinfettanti dovrebbero essere posizionati in primo piano e facilmente raggiungibili, mentre gli strumenti meno utilizzati possono essere sistemati più lontano per evitare ingombri.

Assicurati di mantenere gli strumenti ben organizzati e ordinati durante l'intera procedura, riposizionandoli immediatamente dopo l'uso e evitando di lasciare oggetti sparsi sulla postazione di lavoro. Questo non solo ti aiuterà a lavorare in modo più efficiente, ma anche a ridurre il rischio di contaminazione incrociata e incidenti durante il trattamento.

Utilizza supporti o portastrumenti per mantenere gli strumenti in posizione verticale e stabile durante la procedura, evitando il rischio di cadute o rovesciamenti che potrebbero danneggiare gli strumenti o contaminare l'area di lavoro. Inoltre, assicurati di pulire e disinfettare regolarmente i supporti degli strumenti per mantenere un ambiente di lavoro igienico e sicuro.

Infine, alla fine di ogni giornata lavorativa, prenditi del tempo per ripulire e riorganizzare la postazione di lavoro in modo che sia pronta per la prossima sessione di trattamento. Mantenere una postazione di lavoro ordinata e ben organizzata non solo migliora l'efficienza del tuo lavoro, ma anche l'esperienza complessiva del cliente nel tuo studio di estetica.

4. Norme Igieniche per l'Igiene Personale dell'Estetista

L'igiene personale dell'estetista è un aspetto cruciale per garantire la sicurezza e la salute del cliente durante le procedure di microblading e dermopigmentazione delle sopracciglia. Mantenere elevati standard di igiene personale non solo riduce il rischio di contaminazione incrociata e infezioni, ma contribuisce anche a promuovere un ambiente di lavoro professionale e accogliente.

Prima di iniziare qualsiasi procedura, è fondamentale che l'estetista si lavi accuratamente le mani con acqua calda e sapone antibatterico per almeno 20 secondi. Questo passaggio essenziale rimuove sporco, batteri e oli dalla pelle delle mani, riducendo il rischio di trasferimento di germi durante il contatto diretto con la cliente e gli strumenti utilizzati durante la procedura.

Inoltre, è consigliabile che l'estetista indossi abiti professionali puliti e adatti all'ambiente di lavoro, come grembiuli o camici a maniche lunghe, per proteggere la propria uniforme dai pigmenti e da altri contaminanti e garantire una presentazione professionale.

Durante la procedura, evita di toccare il viso o i capelli con le mani non sterilizzate e mantieni i capelli legati indietro e fuori dal viso per evitare il contatto con la pelle della cliente o gli strumenti utilizzati durante il trattamento.

Inoltre, è importante che l'estetista eviti di mangiare, bere o
fumare durante le procedure e mantenga le unghie corte e pulite
per ridurre il rischio di contaminazione incrociata. L'uso di
gioielli come anelli, braccialetti o orologi dovrebbe essere
limitato o evitato durante le procedure per evitare il rischio di
contaminazione degli strumenti o della pelle della cliente.

Infine, dopo aver completato ogni procedura, assicurati di
pulire e disinfettare le mani utilizzando un disinfettante per le
mani a base di alcol o lavandole nuovamente con acqua calda e
sapone. Questo passaggio finale aiuta a rimuovere eventuali
residui di pigmento o altri contaminanti dalle mani, riducendo
il rischio di trasferimento di germi tra le clienti successive.

Mantenere elevati standard di igiene personale è essenziale per
garantire la sicurezza e la soddisfazione del cliente durante le
procedure di microblading e dermopigmentazione delle
sopracciglia e per mantenere la reputazione professionale del
tuo studio di estetica.

5. Utilizzo di Protezioni per la Postazione di Lavoro

Le protezioni per la postazione di lavoro sono un elemento
fondamentale per garantire un ambiente sicuro e igienico
durante le procedure di microblading e dermopigmentazione
delle sopracciglia. Queste protezioni non solo aiutano a
prevenire la contaminazione incrociata e la diffusione di agenti
patogeni, ma anche a proteggere l'area di lavoro dagli schizzi di
pigmenti o altri contaminanti.

Una delle protezioni più comuni è l'utilizzo di coperture monouso o superfici protettive, come tovaglioli di carta, teli monouso o pellicole protettive, per coprire e proteggere la postazione di lavoro e le superfici circostanti. Queste coperture possono essere facilmente sostituite tra una cliente e l'altra, riducendo il rischio di contaminazione incrociata tra le procedure e contribuendo a mantenere un ambiente di lavoro pulito e igienico.

Inoltre, è consigliabile utilizzare protezioni per gli strumenti e le attrezzature utilizzate durante le procedure, come coperture per i microblades, i pigmenti e i contenitori per gli strumenti. Queste protezioni non solo aiutano a prevenire la contaminazione degli strumenti da parte di agenti patogeni o contaminanti ambientali, ma anche a mantenere gli strumenti in condizioni ottimali per garantire risultati di alta qualità.

Le protezioni per la postazione di lavoro possono anche includere l'utilizzo di schermi o barriere protettive per separare la cliente dall'estetista durante la procedura, riducendo il rischio di contatto diretto e proteggendo entrambe le parti da eventuali schizzi o contaminanti.

Infine, assicurati di utilizzare protezioni personali come guanti monouso e mascherine durante le procedure per proteggere te stesso e la cliente da potenziali contaminazioni e per garantire il rispetto degli standard igienici e sanitari.

In sintesi, l'utilizzo di protezioni per la postazione di lavoro è essenziale per garantire un ambiente sicuro, igienico e professionale durante le procedure di microblading e dermopigmentazione delle sopracciglia, contribuendo a proteggere la salute e la sicurezza sia dell'estetista che della cliente.

6. Procedure di Smaltimento dei Rifiuti Biologici

Il corretto smaltimento dei rifiuti biologici è un aspetto cruciale per garantire la sicurezza e l'igiene durante le procedure di microblading e dermopigmentazione delle sopracciglia. I rifiuti biologici, che includono tamponi, cotoni, fazzoletti e altri materiali monouso contaminati con sangue o altri fluidi corporei, devono essere gestiti in modo sicuro e conforme alle normative sanitarie e ambientali.

Prima di procedere con lo smaltimento dei rifiuti biologici, è importante separarli dagli altri rifiuti generati durante la procedura e raccoglierli in contenitori appositamente designati e contrassegnati come "rifiuti biologici". Questi contenitori devono essere resistenti, impermeabili e dotati di coperchi ermetici per evitare fuoriuscite di liquidi o contaminazioni accidentali.

Una volta che i contenitori dei rifiuti biologici sono pieni o alla fine della giornata lavorativa, è necessario sigillarli accuratamente e disporli in modo sicuro in apposite aree di stoccaggio temporaneo. Queste aree devono essere ben ventilate, pulite e lontane da aree adibite a scopi diversi, come la preparazione dei cibi o la cura personale.

Successivamente, i rifiuti biologici devono essere rimossi e smaltiti in conformità alle normative locali e nazionali riguardanti lo smaltimento dei rifiuti biologici. In molti casi, ciò può implicare il coinvolgimento di servizi specializzati di raccolta e smaltimento dei rifiuti medici, che sono in grado di gestire in modo sicuro e appropriato i materiali contaminati.

Durante il trasporto e lo smaltimento dei rifiuti biologici, è fondamentale adottare misure di sicurezza adeguate, come l'uso di guanti monouso e dispositivi di protezione individuale, per ridurre il rischio di contaminazione e proteggere la salute e la sicurezza dell'estetista e di coloro che manipolano i rifiuti.

Infine, è importante tenere un registro dettagliato delle attività di smaltimento dei rifiuti biologici, inclusi i tipi e le quantità di rifiuti generati, nonché i dettagli dei servizi di raccolta e smaltimento utilizzati. Questo registro può essere utile per monitorare e valutare la conformità alle normative vigenti e per identificare eventuali aree di miglioramento nel processo di gestione dei rifiuti biologici.

Seguendo queste procedure di smaltimento dei rifiuti biologici in modo accurato e diligente, è possibile garantire un ambiente di lavoro sicuro, igienico e conforme alle normative durante le procedure di microblading e dermopigmentazione delle sopracciglia.

VI. Consultazione con il cliente e analisi del viso

1. Introduzione alla Consultazione: Accogliere il Cliente e Definire le Aspettative

La fase iniziale della consultazione con il cliente è fondamentale per stabilire un rapporto di fiducia e comprendere appieno le sue esigenze e aspettative riguardo al trattamento di microblading e dermopigmentazione delle sopracciglia. Accogliere il cliente con un sorriso caloroso e un'attitudine accogliente è il primo passo per metterlo a suo agio e favorire una comunicazione aperta e trasparente. È essenziale instaurare un ambiente confortevole e rilassato, in cui il cliente si senta libero di esprimere i suoi desideri e le sue preoccupazioni in merito alla procedura.

Durante questa fase introduttiva, l'estetista dovrebbe prendersi il tempo necessario per ascoltare attentamente il cliente e porre domande mirate per comprendere le sue aspettative estetiche, i suoi obiettivi e le sue preferenze personali riguardo alla forma, al colore e allo stile delle sopracciglia desiderate. Questo momento di dialogo aperto e collaborativo è cruciale per stabilire una base solida per il successo del trattamento e garantire la massima soddisfazione del cliente.

Inoltre, è importante fornire al cliente informazioni dettagliate sul processo di microblading e dermopigmentazione delle sopracciglia, compresi i potenziali rischi e le precauzioni da prendere prima, durante e dopo il trattamento. Questo aiuta a creare un quadro realistico delle aspettative e a dissipare eventuali dubbi o preoccupazioni che il cliente potrebbe avere.

Infine, è opportuno stabilire con chiarezza le aspettative riguardo ai risultati attesi, inclusi tempi di guarigione, possibili ritocchi e mantenimento a lungo termine delle sopracciglia. Questo permette al cliente di comprendere appieno l'impegno richiesto e di sentirsi pienamente coinvolto nel processo decisionale.

In sintesi, l'introduzione alla consultazione rappresenta un momento cruciale per stabilire una comunicazione efficace con il cliente, definire le sue aspettative e garantire una collaborazione armoniosa durante tutto il processo di microblading e dermopigmentazione delle sopracciglia.

2. Analisi Morfologica del Viso: Identificare Forma e Proporzioni delle Sopracciglia

L'analisi morfologica del viso rappresenta una fase cruciale nella consulenza pre-trattamento per il microblading e la dermopigmentazione delle sopracciglia. Questo processo dettagliato consente all'estetista di valutare attentamente la forma del viso del cliente, nonché le proporzioni e le caratteristiche delle sopracciglia esistenti.

Per identificare la forma del viso, è essenziale osservare attentamente le linee del viso, comprese la fronte, le guance, il mento e la mascella. Questo permette di determinare se il viso del cliente è ovale, rotondo, quadrato, a cuore o a diamante, o se presenta una combinazione di queste forme. Ogni forma del viso ha caratteristiche uniche che influenzano la scelta della forma e dello stile delle sopracciglia ideali.

Successivamente, l'attenzione si concentra sulle sopracciglia esistenti del cliente. L'estetista esamina la loro forma, spessore, lunghezza e archi naturali, valutando se sono adatte alla morfologia del viso del cliente o se richiedono correzioni o regolazioni.

Durante questa fase, è importante considerare anche le proporzioni del viso, come la larghezza del naso, la distanza tra gli occhi e la posizione delle sopracciglia rispetto agli occhi e alle altre caratteristiche del viso. Questo aiuta a determinare la migliore posizione e lunghezza delle sopracciglia per creare un aspetto armonioso e bilanciato.

Inoltre, è fondamentale coinvolgere attivamente il cliente nell'analisi morfologica del viso, incoraggiandolo a esprimere le proprie preferenze e preoccupazioni riguardo alla forma e allo stile delle sopracciglia desiderate. Questo contribuisce a garantire un risultato finale che soddisfi le aspettative del cliente e si adatti alla sua unicità anatomica e alle sue preferenze personali.

In conclusione, l'analisi morfologica del viso è un passaggio essenziale per personalizzare il trattamento di microblading e dermopigmentazione delle sopracciglia, consentendo all'estetista di identificare la forma e le proporzioni ottimali per creare un look naturale e armonioso.

3. Valutazione dei Desideri del Cliente: Ascolto Attivo e Comunicazione Efficace

La valutazione dei desideri del cliente rappresenta un passo fondamentale nella consulenza pre-trattamento per il microblading e la dermopigmentazione delle sopracciglia. Un'efficace comunicazione e un ascolto attivo sono essenziali per comprendere appieno le aspettative e i desideri del cliente, nonché per stabilire una solida base per una collaborazione positiva e soddisfacente.

Durante la fase di consultazione, è cruciale che l'estetista dedichi tempo e attenzione per ascoltare attentamente le richieste e le preferenze del cliente. Questo implica non solo l'ascolto delle parole pronunciate, ma anche la comprensione delle sue esigenze emotive e estetiche. Attraverso un ascolto attivo, l'estetista può acquisire informazioni preziose sulle preferenze stilistiche del cliente, i suoi obiettivi estetici e le sue preoccupazioni specifiche riguardo al trattamento.

Inoltre, è importante porre domande mirate al cliente al fine di approfondire la comprensione delle sue aspettative. Questo può includere domande riguardanti le sue esperienze precedenti con trattamenti simili, le sue preferenze riguardo alla forma, al colore e allo stile delle sopracciglia, nonché eventuali preoccupazioni o condizioni cutanee che potrebbero influenzare il trattamento.

Durante la comunicazione con il cliente, è fondamentale utilizzare un linguaggio chiaro e comprensibile, evitando termini tecnici che potrebbero risultare confusi o intimidatori per il cliente. Inoltre, è importante fornire informazioni accurate e trasparenti riguardo ai risultati attesi, ai rischi potenziali e alle opzioni disponibili, consentendo al cliente di prendere decisioni informate sul trattamento.

Infine, è essenziale stabilire un rapporto di fiducia e rispetto reciproco con il cliente, creando un ambiente confortevole e accogliente in cui si senta libero di esprimere le proprie opinioni e preoccupazioni. Questo contribuisce a garantire una collaborazione efficace e una maggiore soddisfazione del cliente con il risultato finale del trattamento.

In sintesi, la valutazione dei desideri del cliente richiede un approccio attento, empatico e comunicativo, volto a comprendere appieno le sue esigenze e a stabilire una solida base per una collaborazione positiva e soddisfacente durante il trattamento delle sopracciglia.

4. Considerazioni sulla Colorimetria: Selezione del Colore in Base alla Carnagione e ai Capelli

La scelta del colore del pigmento per il microblading e la dermopigmentazione delle sopracciglia è un elemento cruciale per garantire un risultato naturale e armonioso. La colorimetria gioca un ruolo fondamentale nel determinare il colore più adatto in base alla carnagione, ai capelli e alle preferenze del cliente.

Innanzitutto, è importante considerare la tonalità della carnagione del cliente. Le persone possono avere carnagioni calde, fredde o neutre, e la scelta del colore del pigmento deve tener conto di questo fattore. Le carnagioni calde tendono ad avere sottotoni dorati o giallastri, mentre le carnagioni fredde presentano sottotoni rosati o bluastri. Le carnagioni neutre hanno una combinazione di entrambi i sottotoni. Selezionare un colore che si armonizzi con la carnagione del cliente contribuirà a ottenere un risultato naturale e complementare al suo aspetto complessivo.

Oltre alla carnagione, è importante considerare anche il colore dei capelli del cliente. La tonalità, l'intensità e la sfumatura dei capelli possono influenzare la scelta del colore del pigmento. Ad esempio, per i clienti con capelli scuri, potrebbe essere preferibile utilizzare un pigmento leggermente più scuro per creare un effetto più definito e accentuato sulle sopracciglia. D'altra parte, per i clienti con capelli più chiari, potrebbe essere più indicato un pigmento leggermente più chiaro per un aspetto più morbido e naturale.

Oltre alla carnagione e al colore dei capelli, è importante considerare anche le preferenze personali del cliente. Alcuni clienti possono desiderare sopracciglia più definite e scure, mentre altri possono preferire un aspetto più delicato e sfumato. È fondamentale collaborare con il cliente per comprendere le sue preferenze e creare un risultato su misura che soddisfi le sue aspettative estetiche.

In sintesi, la selezione del colore del pigmento per il microblading e la dermopigmentazione delle sopracciglia richiede una valutazione attenta della carnagione, del colore dei capelli e delle preferenze personali del cliente. Una scelta oculata del colore contribuirà a garantire un risultato armonioso, naturale e soddisfacente per il cliente.

5. Definizione del Piano di Lavoro: Determinare la Forma e lo Stile delle Sopracciglia

La definizione del piano di lavoro è una fase essenziale durante la consultazione con il cliente. Durante questa fase, l'estetista deve prendersi il tempo necessario per comprendere le preferenze del cliente, valutare la morfologia del suo viso e determinare la forma e lo stile delle sopracciglia più adatti.

Per determinare la forma delle sopracciglia, è importante considerare la struttura del viso del cliente e le sue caratteristiche individuali. Esistono diverse forme di sopracciglia, tra cui arcuate, dritte, angolari, rotonde e a mandorla. Ogni forma ha un impatto diverso sull'aspetto complessivo del viso e può influenzare l'espressione e l'armonia delle proporzioni facciali. Durante la consultazione, l'estetista deve analizzare attentamente la struttura ossea del viso, la distanza tra gli occhi, il naso e le dimensioni della fronte per determinare la forma delle sopracciglia che meglio si adatta al viso del cliente.

Oltre alla forma, lo stile delle sopracciglia è un altro elemento chiave da considerare. Lo stile delle sopracciglia può variare da naturale e morbido a definito e accentuato, a seconda delle preferenze estetiche del cliente e del risultato desiderato. Alcuni clienti possono preferire un aspetto più minimalista e discreto, mentre altri possono desiderare sopracciglia più definite e audaci. Durante la consultazione, l'estetista deve collaborare con il cliente per comprendere il suo stile personale e creare un piano di lavoro che rifletta le sue preferenze individuali.

Una volta determinata la forma e lo stile delle sopracciglia, è importante tracciare una guida chiara e precisa prima di iniziare il trattamento. Questo può essere fatto utilizzando strumenti come matite per sopracciglia o regoli per assicurarsi che le sopracciglia siano disegnate simmetricamente e seguano la forma desiderata. Definire un piano di lavoro dettagliato aiuterà l'estetista a ottenere risultati precisi e soddisfacenti che rispecchino le preferenze estetiche del cliente.

VII. Colorimetria e selezione del colore

1. Principi di Colorimetria Applicati al Microblading e alla Dermopigmentazione

La colorimetria è una disciplina fondamentale nel campo del microblading e della dermopigmentazione delle sopracciglia. Si basa sui principi scientifici che regolano la percezione dei colori da parte dell'occhio umano e sulla teoria dei colori, che comprende concetti come tonalità, saturazione e luminosità. Applicare correttamente i principi di colorimetria è essenziale per ottenere risultati estetici ottimali e soddisfare le aspettative dei clienti.

Nel contesto del microblading e della dermopigmentazione delle sopracciglia, la colorimetria si occupa della corretta selezione dei pigmenti e della tonalità da utilizzare per creare un aspetto naturale e armonioso. Questo processo richiede una comprensione approfondita delle caratteristiche individuali del cliente, come il colore della pelle, dei capelli e degli occhi, nonché delle preferenze personali e dello stile di vita.

Un aspetto cruciale della colorimetria è la capacità di valutare e confrontare i toni della pelle del cliente con la vasta gamma di pigmenti disponibili. Ciò richiede un occhio allenato e una conoscenza approfondita delle proprietà dei pigmenti, comprese le loro capacità di miscelazione e adattamento ai diversi tipi di pelle. Ad esempio, nei casi in cui il cliente ha una carnagione calda, potrebbe essere necessario utilizzare pigmenti con tonalità più calde per evitare un aspetto innaturale o squallido.

Inoltre, è importante considerare il colore naturale delle sopracciglia del cliente e qualsiasi trattamento precedente di microblading o dermopigmentazione. La scelta del colore dovrebbe mirare a migliorare e armonizzare la forma e il tono delle sopracciglia esistenti, piuttosto che sovrastarle o renderle innaturalmente accentuate.

In definitiva, l'applicazione dei principi di colorimetria richiede non solo competenze tecniche ma anche una sensibilità artistica e una comprensione delle preferenze estetiche del cliente. Un approccio attento e personalizzato alla selezione del colore può fare la differenza tra un risultato soddisfacente e uno eccezionale.

2. Valutazione della Carnagione e dei Toni della Pelle per la Selezione del Colore

La valutazione accurata della carnagione e dei toni della pelle è un passo cruciale nella selezione del colore durante il processo di microblading e dermopigmentazione delle sopracciglia. La carnagione di una persona può variare notevolmente in base a fattori come l'etnia, l'esposizione al sole e le condizioni cutanee individuali. Pertanto, è essenziale considerare una serie di elementi durante la valutazione della carnagione del cliente per garantire un risultato esteticamente gradevole e naturale.

Innanzitutto, è importante osservare la tonalità generale della pelle, che può essere classificata come chiara, media o scura. Questo fornisce una guida iniziale nella selezione del colore del pigmento, poiché le tonalità più chiare possono richiedere pigmenti più tenui per evitare un contrasto eccessivo, mentre le tonalità più scure possono richiedere pigmenti più intensi per ottenere un effetto visibile.

Oltre alla tonalità generale della pelle, è necessario valutare anche i sottotoni della pelle, che possono essere caldi, neutri o freddi. Questo può essere determinato osservando le vene sul polso del cliente: se appaiono di colore verde, la carnagione è tendenzialmente calda; se appaiono di colore blu, la carnagione è tendenzialmente fredda; se non è chiaro se siano blu o verdi, la carnagione è tendenzialmente neutra.

Una volta identificati i sottotoni della pelle, è possibile selezionare pigmenti che si adattino armoniosamente, contribuendo a migliorare la luminosità e l'equilibrio complessivo del viso. Ad esempio, le persone con carnagione calda possono beneficiare di pigmenti con sottotoni dorati o marroni, mentre coloro con carnagione fredda possono optare per pigmenti con sottotoni bluastri o grigiastri.

Inoltre, è importante tenere conto di eventuali discromie cutanee, come macchie solari, arrossamenti o iperpigmentazione, che possono influenzare la percezione del colore e la selezione dei pigmenti. Un approccio attento e personalizzato alla valutazione della carnagione e dei toni della pelle può contribuire in modo significativo a garantire risultati estetici soddisfacenti e duraturi per il cliente.

3. Utilizzo delle Ruote dei Colori per la Corretta Selezione delle Tonalità

Le ruote dei colori sono strumenti indispensabili per gli artisti del microblading e della dermopigmentazione delle sopracciglia, poiché offrono una rappresentazione visiva chiara e completa delle diverse tonalità disponibili e delle relative sfumature. Questi strumenti sono progettati per aiutare gli artisti a identificare rapidamente e accuratamente le tonalità che si adattano meglio alla carnagione e ai toni naturali dei capelli del cliente, consentendo una selezione del colore più precisa e personalizzata.

Le ruote dei colori sono composte da una serie di campioni di colore disposti in modo circolare, con variazioni di tono, luminosità e saturazione visualizzate lungo il perimetro della ruota. Questa organizzazione permette di confrontare facilmente diverse tonalità e sfumature, fornendo una panoramica completa delle opzioni disponibili e delle possibili combinazioni. Le tonalità sono generalmente suddivise in categorie, come calde, neutre e fredde, per facilitare ulteriormente il processo di selezione.

Durante la consultazione con il cliente, l'utilizzo delle ruote dei colori consente all'artista di mostrare diverse opzioni e discutere le preferenze del cliente in modo chiaro e tangibile. Questo approccio interattivo favorisce una comunicazione efficace e aiuta a garantire che il cliente sia coinvolto nel processo decisionale, aumentando la soddisfazione complessiva del risultato finale.

Inoltre, le ruote dei colori possono essere utilizzate per valutare il contrasto tra la carnagione del cliente e il colore delle sopracciglia desiderato. Ad esempio, se il cliente ha una carnagione calda, l'artista può cercare tonalità con sottotoni dorati o marroni che si armonizzino con la pelle. Allo stesso modo, se il cliente ha una carnagione fredda, possono essere preferite tonalità con sottotoni bluastri o grigiastri per un aspetto più naturale e bilanciato.

In sintesi, l'utilizzo delle ruote dei colori è una pratica essenziale per garantire una selezione del colore accurata e personalizzata durante il processo di microblading e dermopigmentazione delle sopracciglia. Questi strumenti forniscono una guida visiva chiara e consentono una comunicazione efficace con il cliente, contribuendo a ottenere risultati estetici ottimali e soddisfacenti.

4. Adattare il Colore delle Sopracciglia alle Caratteristiche Individuali del Cliente

Adattare il colore delle sopracciglia alle caratteristiche individuali del cliente è un processo fondamentale per ottenere risultati estetici soddisfacenti e armoniosi. Ogni cliente ha una combinazione unica di carnagione, tonalità dei capelli e tratti distintivi del viso che devono essere presi in considerazione durante la selezione del colore delle sopracciglia. Questo approccio personalizzato garantisce che il risultato finale si integri perfettamente con le caratteristiche del viso del cliente, creando un aspetto naturale e bilanciato.

Durante la fase di consultazione, è importante esaminare
attentamente le caratteristiche individuali del cliente, compresa
la tonalità della sua carnagione, la colorazione naturale dei
capelli e il contrasto tra i capelli e la pelle. Questa valutazione
dettagliata fornisce una base solida per determinare quale
tonalità di sopracciglia si adatterà meglio al cliente e ai suoi
tratti distintivi.

Una delle considerazioni principali è l'armonia tra il colore
delle sopracciglia e la carnagione del cliente. Le tonalità delle
sopracciglia dovrebbero complementare la carnagione del
cliente, evitando contrasti eccessivi che potrebbero apparire
innaturali. Ad esempio, se il cliente ha una carnagione calda
con sottotoni dorati, potrebbe essere preferibile optare per
tonalità di sopracciglia che presentano toni caldi e dorati per un
aspetto armonioso e coerente.

Inoltre, è importante considerare la colorazione naturale dei
capelli del cliente. Se il cliente ha i capelli scuri, potrebbe
essere appropriato scegliere una tonalità di sopracciglia
leggermente più chiara per evitare un aspetto troppo pesante.
Al contrario, se il cliente ha i capelli chiari, tonalità di
sopracciglia più scure potrebbero aiutare a definire e accentuare
il suo sguardo in modo più efficace.

Infine, è cruciale tenere conto del contrasto tra i capelli e la
pelle del cliente. Un contrasto moderato tra il colore delle
sopracciglia e la carnagione può aggiungere definizione e
profondità allo sguardo, ma è importante evitare contrasti
troppo marcati che possano apparire innaturali o
sproporzionati.

In conclusione, adattare il colore delle sopracciglia alle caratteristiche individuali del cliente richiede una valutazione approfondita e una selezione oculata delle tonalità. Questo processo personalizzato assicura che il risultato finale sia armonioso, naturale e in linea con le preferenze estetiche del cliente.

5. Tecniche Avanzate per la Personalizzazione del Colore delle Sopracciglia

Le tecniche avanzate per la personalizzazione del colore delle sopracciglia rappresentano un importante punto di riferimento nel campo della cosmetologia estetica, consentendo agli esperti di ottenere risultati ancora più precisi e su misura per le esigenze individuali dei clienti. Queste tecniche si basano sull'applicazione di conoscenze approfondite della colorimetria e sull'utilizzo di strumenti specializzati per creare effetti visivi sofisticati e naturali.

Una delle tecniche avanzate più utilizzate è la miscelazione personalizzata dei pigmenti. Questo approccio consente agli operatori di combinare diverse tonalità di pigmento per ottenere un colore perfettamente adattato alle caratteristiche del cliente. Utilizzando una ruota dei colori e una profonda comprensione delle relazioni tonali, gli esperti possono mescolare i pigmenti con precisione millimetrica per creare una tonalità unica che si armonizza perfettamente con la carnagione, i capelli e le preferenze del cliente.

Un'altra tecnica avanzata è l'utilizzo di pigmenti traslucidi o semipermanenti. Questi pigmenti consentono agli operatori di ottenere un effetto più sottile e graduale, ideale per i clienti che desiderano un aspetto più naturale o che sono indecisi sul colore delle sopracciglia. Questi pigmenti possono essere applicati in strati sottili per aggiungere profondità e definizione senza risultare troppo intensi o marcati.

La tecnica dell'ombreggiatura sfumata è un'altra opzione popolare per la personalizzazione del colore delle sopracciglia. Questa tecnica prevede l'applicazione di pigmento in modo da creare un effetto sfumato e graduale, simile all'ombreggiatura realistica dei capelli. Questo approccio è particolarmente efficace per i clienti che desiderano un aspetto morbido e naturale, con una definizione leggera e delicata delle sopracciglia.

Inoltre, alcune tecniche avanzate coinvolgono l'utilizzo di pigmenti correttivi o neutralizzanti per correggere eventuali irregolarità nel colore delle sopracciglia o per adattarsi a tonalità indesiderate. Questi pigmenti possono essere utilizzati con precisione per bilanciare sottotoni indesiderati o per correggere discrepanze di colore, garantendo un risultato finale uniforme e impeccabile.

In sintesi, le tecniche avanzate per la personalizzazione del colore delle sopracciglia offrono agli operatori una vasta gamma di opzioni per soddisfare le esigenze individuali dei clienti. Con una combinazione di conoscenze specializzate, strumenti avanzati e tecniche innovative, gli esperti possono creare risultati estetici eccezionali che migliorano l'aspetto e la fiducia dei loro clienti.

6. Considerazioni sulla Durata e sul Cambiamento del Colore nel Tempo

Le considerazioni sulla durata e sul cambiamento del colore nel tempo rappresentano un elemento fondamentale da tenere in considerazione durante la selezione e l'applicazione del colore delle sopracciglia. Poiché il microblading e la dermopigmentazione sono trattamenti semipermanenti, è essenziale comprendere come il colore delle sopracciglia possa evolversi nel corso del tempo e quali fattori possano influenzarne la durata e la stabilità.

In primo luogo, è importante considerare la qualità dei pigmenti utilizzati e la tecnica di applicazione. I pigmenti di alta qualità e una tecnica professionale possono garantire una maggiore durata e stabilità del colore nel tempo. È consigliabile utilizzare pigmenti di grado medico, appositamente formulati per resistere alla scomparsa e al cambiamento del colore nel corso dei mesi.

Inoltre, è essenziale informare i clienti sugli aspetti legati alla manutenzione e ai trattamenti di ritocco. Poiché il colore delle sopracciglia può sbiadire nel corso del tempo a causa della naturale rigenerazione della pelle e dell'esposizione ai raggi solari, è consigliabile pianificare trattamenti di ritocco regolari per mantenere il colore fresco e vibrante. Questi trattamenti possono essere programmati ogni 12-18 mesi, a seconda del tipo di pelle del cliente e del livello di esposizione ai fattori ambientali.

Inoltre, è importante informare i clienti sul fatto che il colore delle sopracciglia può subire variazioni nel tempo a causa di fattori come l'esposizione al sole, l'uso di prodotti per la cura della pelle e l'invecchiamento della pelle. Ad esempio, l'esposizione prolungata al sole può causare sbiadimento del colore, mentre l'uso di prodotti chimici aggressivi può influenzare la stabilità del pigmento.

È anche importante tenere conto delle preferenze individuali del cliente e delle tendenze estetiche del momento. Poiché il gusto e le tendenze possono cambiare nel corso del tempo, è fondamentale lavorare in stretta collaborazione con il cliente per garantire che il colore delle sopracciglia soddisfi le loro esigenze e aspettative a lungo termine.

In conclusione, le considerazioni sulla durata e sul cambiamento del colore nel tempo sono cruciali per garantire risultati duraturi e soddisfacenti nel microblading e nella dermopigmentazione delle sopracciglia. Educare i clienti su questi aspetti e offrire consulenza personalizzata può contribuire a garantire una maggiore soddisfazione e fiducia nel risultato finale.

VIII. Tecniche di disegno e modellazione delle sopracciglia

1. Introduzione alle Tecniche di Disegno delle Sopracciglia

L'introduzione alle tecniche di disegno delle sopracciglia costituisce un momento cruciale nel processo di definizione e perfezionamento dell'aspetto estetico del viso.

Le sopracciglia svolgono un ruolo fondamentale nell'incorniciare gli occhi e definire l'espressione facciale, influenzando notevolmente l'aspetto complessivo del viso.

Questo capitolo si propone di esaminare in dettaglio le varie tecniche utilizzate per modellare e disegnare le sopracciglia in modo da ottenere risultati esteticamente gradevoli e armoniosi.

La capacità di disegnare le sopracciglia in modo appropriato richiede non solo competenza tecnica, ma anche una comprensione approfondita della morfologia del viso e delle preferenze individuali del cliente.

Durante la consulenza iniziale, è essenziale esaminare attentamente la forma naturale delle sopracciglia del cliente, tenendo conto di fattori come la forma del viso, la posizione degli occhi e le proporzioni generali del viso.

Solo comprendendo appieno queste caratteristiche è possibile progettare un disegno delle sopracciglia che sia in armonia con i lineamenti del cliente e rispecchi le sue preferenze estetiche.

In questo capitolo, esploreremo una vasta gamma di tecniche di disegno delle sopracciglia, dalla modellazione con matita alla definizione con filo, fornendo istruzioni dettagliate, consigli pratici e suggerimenti per ottenere risultati ottimali.

Attraverso una combinazione di competenze artistiche e conoscenze tecniche, gli artisti del microblading, della dermopigmentazione e del trucco permanente possono trasformare le sopracciglia del cliente in un punto focale esteticamente gradevole del viso, migliorando così l'aspetto complessivo e aumentando la fiducia in sé stessi.

La padronanza delle tecniche di disegno delle sopracciglia è fondamentale per ogni professionista del settore, e questo capitolo si propone di fornire le basi necessarie per sviluppare tali abilità con successo.

2. Valutazione Morfologica delle Sopracciglia del Cliente

La valutazione morfologica delle sopracciglia del cliente rappresenta un momento cruciale nel processo di progettazione e modellazione delle sopracciglia. Questa fase richiede una valutazione approfondita della forma naturale delle sopracciglia del cliente, prendendo in considerazione diversi fattori chiave che influenzano il risultato finale.

Per prima cosa, è essenziale esaminare attentamente la forma e la struttura attuale delle sopracciglia, osservando la loro lunghezza, spessore e archetto naturale. Questi elementi forniscono una base importante per determinare quali aree richiedono correzione o enfasi durante il processo di modellazione.

Inoltre, la valutazione morfologica deve tener conto della forma del viso del cliente e delle proporzioni generali del suo viso. Ad esempio, una persona con un viso ovale potrebbe richiedere una diversa forma di sopracciglia rispetto a qualcuno con un viso rotondo o quadrato. È importante adattare il disegno delle sopracciglia alle caratteristiche uniche del viso del cliente per garantire un aspetto armonioso e complementare.

Durante la valutazione, è anche importante considerare la posizione degli occhi e l'arcata sopraccigliare naturale. Questi elementi possono influenzare significativamente il modo in cui le sopracciglia interagiscono con gli occhi e la struttura del viso nel suo complesso. Un'arcata sopraccigliare ben definita può contribuire a creare un aspetto più giovane e vivace, mentre una posizione errata delle sopracciglia può causare uno sguardo stanco o inespresso.

Oltre alla forma e alla struttura delle sopracciglia, la valutazione morfologica dovrebbe anche considerare il colore naturale delle sopracciglia e dei capelli del cliente. Questo aiuta a determinare la migliore tonalità di pigmento da utilizzare durante il processo di modellazione e colorazione, assicurando che le sopracciglia abbiano un aspetto naturale e armonioso con il colore dei capelli.

In sintesi, la valutazione morfologica delle sopracciglia del cliente è un passaggio fondamentale per garantire risultati esteticamente gradevoli e soddisfacenti. Una valutazione accurata fornisce al professionista le informazioni necessarie per progettare e modellare le sopracciglia in modo da migliorare l'aspetto complessivo del cliente e soddisfare le sue preferenze estetiche.

3. Identificazione della Forma delle Sopracciglia Ideale

Nell'identificazione della forma delle sopracciglia ideale, è fondamentale considerare una serie di fattori che contribuiscono a determinare quale forma sarà più adatta al volto del cliente e alle sue preferenze estetiche. Questo processo richiede una valutazione attenta della struttura delle sopracciglia esistenti, insieme alle proporzioni e alla forma del viso del cliente.

Innanzitutto, è importante comprendere che non esiste una forma universale di sopracciglia che si adatti a tutti. La forma ideale delle sopracciglia dipende dalle caratteristiche uniche del viso del cliente e dal suo stile personale. Tuttavia, ci sono linee guida generali che possono aiutare a identificare la forma delle sopracciglia che migliorerà l'aspetto complessivo del cliente.

Una delle prime considerazioni nella identificazione della forma ideale delle sopracciglia è la forma del viso del cliente. I visi possono essere classificati in varie forme, tra cui ovale, rotonda, quadrata, rettangolare e a forma di cuore. Ogni forma del viso richiede una forma specifica di sopracciglia per bilanciare le proporzioni e migliorare l'armonia del viso.

Ad esempio, per un viso rotondo, le sopracciglia ad arco più alto possono aiutare a creare un aspetto più allungato e snello. D'altra parte, per un viso quadrato, una forma più morbida e arrotondata può contribuire a ammorbidire i lineamenti angolari e aggiungere definizione.

Oltre alla forma del viso, è importante considerare anche la posizione degli occhi e l'arcata sopraccigliare naturale del cliente. Questi elementi influenzano la forma e la direzione delle sopracciglia e devono essere presi in considerazione durante il processo di identificazione della forma ideale.

Durante la consultazione con il cliente, è utile esaminare fotografie di riferimento e discutere le preferenze personali del cliente riguardo alla forma delle sopracciglia. Questo aiuta a garantire una comprensione chiara delle aspettative del cliente e a collaborare per raggiungere il risultato desiderato.

In conclusione, l'identificazione della forma ideale delle sopracciglia è un processo che richiede una valutazione attenta delle caratteristiche del viso del cliente e delle sue preferenze estetiche. Una volta identificata la forma ideale, è possibile procedere con la modellazione delle sopracciglia per creare un aspetto armonioso e complementare che soddisfi le esigenze del cliente.

4. Tecniche di Disegno con Matita: Definizione e Pratiche Consigliate

Le tecniche di disegno con matita rappresentano un aspetto essenziale nella modellazione delle sopracciglia, consentendo agli artisti del trucco permanente di definire con precisione la forma e la struttura desiderate. Questo metodo offre flessibilità e controllo durante la fase preliminare del processo, consentendo di sperimentare diverse forme e stili prima di procedere con tecniche più permanenti come il microblading o la dermopigmentazione.

Prima di iniziare il disegno con la matita, è importante preparare adeguatamente l'area di lavoro e assicurarsi di avere tutti gli strumenti necessari a portata di mano. Questi strumenti includono matite per sopracciglia di diverse tonalità per adattarsi al colore naturale dei capelli del cliente, così come pennarelli o matite più chiare per evidenziare le aree da correggere o riempire.

Quando si applica la tecnica della matita, è consigliabile iniziare tracciando linee leggere e sottili lungo il contorno delle sopracciglia esistenti, seguendo la forma naturale dell'arcata sopraccigliare. Questo permette di creare una guida visiva per la definizione della nuova forma e di garantire un aspetto uniforme e armonioso.

Durante il processo di disegno, è fondamentale tenere conto delle proporzioni del viso del cliente e delle sue preferenze estetiche. Ciò significa adattare la forma e lo spessore delle sopracciglia in base alla struttura del viso e alla simmetria desiderata. Ad esempio, se il cliente desidera un aspetto più naturale, è possibile optare per linee più morbide e leggere, mentre per un aspetto più definito e drammatico si possono delineare linee più audaci e definite.

Una volta completato il disegno iniziale, è consigliabile esaminare attentamente il lavoro e apportare eventuali correzioni o aggiustamenti necessari prima di procedere con tecniche più permanenti. Questo passaggio è fondamentale per assicurarsi che il cliente sia soddisfatto del risultato finale e che la forma delle sopracciglia sia perfettamente bilanciata e armoniosa con il suo viso.

Inoltre, è importante ricordare di consultare regolarmente il cliente durante il processo di disegno, chiedendo il suo feedback e apportando eventuali modifiche in base alle sue preferenze. Questo aiuta a garantire una collaborazione efficace e a ottenere un risultato finale che soddisfi pienamente le aspettative del cliente.

Infine, una volta che il disegno con la matita è stato completato e approvato dal cliente, si può procedere con la fase successiva del processo, che potrebbe includere il microblading, la dermopigmentazione o altre tecniche di modellazione permanente delle sopracciglia.

5. Utilizzo del Filo per la Modellazione delle Sopracciglia: Procedure e Suggerimenti

L'uso del filo per la modellazione delle sopracciglia è una tecnica antica che continua a essere popolare per la sua precisione e la sua capacità di creare linee definite e pulite. Questo metodo richiede abilità e pratica, ma può produrre risultati sorprendenti quando eseguito correttamente.

Per iniziare, è importante preparare adeguatamente il filo prima dell'uso. Si consiglia di utilizzare un filo di cotone resistente e di alta qualità, preferibilmente non cerato, per garantire una presa sicura e una maggiore precisione durante la procedura. Il filo dovrebbe essere tagliato in una lunghezza sufficiente per essere maneggiato comodamente e avvolto intorno alle dita indice e pollice di entrambe le mani.

Una volta che il filo è stato preparato, è possibile procedere con la modellazione delle sopracciglia. Per cominciare, il filo viene teso tra le dita in modo che formi una forma a U stretta. Quindi, con un movimento rapido e preciso delle dita, il filo viene passato sopra le sopracciglia, catturando e rimuovendo i peli non desiderati lungo il percorso.

Durante l'utilizzo del filo, è importante mantenere una tensione costante e uniforme per assicurarsi che catturi efficacemente i peli senza strapparli o irritare la pelle. È consigliabile praticare su una piccola area prima di passare alla modellazione dell'intera sopracciglia, in modo da acquisire confidenza e padronanza della tecnica.

Durante la procedura, è fondamentale mantenere un'attenzione particolare alla simmetria e alla forma delle sopracciglia, assicurandosi di seguire la linea naturale dell'arcata sopraccigliare e di adattare la forma alle preferenze del cliente. Questo può richiedere un'osservazione attenta e un'abilità nel manipolare il filo per ottenere risultati precisi e armoniosi.

Una volta completata la modellazione delle sopracciglia con il filo, è possibile valutare il risultato e apportare eventuali correzioni o ritocchi necessari. È importante consultare regolarmente il cliente durante il processo, chiedendo il suo feedback e assicurandosi che sia soddisfatto del risultato finale.

Infine, è consigliabile fornire al cliente istruzioni dettagliate per la cura post-trattamento delle sopracciglia, inclusa l'applicazione di creme lenitive e la precauzione contro l'irritazione o l'infezione. Questo aiuta a garantire un'esperienza positiva complessiva e a mantenere le sopracciglia in condizioni ottimali dopo la modellazione.

6. Tecniche di Depilazione: Cera, Pinzette e Metodi Alternativi

Le tecniche di depilazione rappresentano un aspetto fondamentale nella modellazione delle sopracciglia e offrono una vasta gamma di opzioni per adattarsi alle preferenze individuali del cliente e alle esigenze specifiche della situazione. Tra i metodi più comuni, la depilazione con cera e l'utilizzo di pinzette sono ampiamente diffusi e offrono risultati duraturi e precisi.

La depilazione con cera è una tecnica popolare che consente di rimuovere rapidamente e efficacemente i peli in eccesso dalle sopracciglia. Prima di applicare la cera, è importante preparare la pelle con una lozione pre-cera per ridurre l'irritazione e garantire una rimozione uniforme dei peli. La cera viene poi riscaldata e applicata sulla zona da trattare con un'applicatore, seguita da un'apposita striscia di tessuto che viene premuta sulla cera e poi strappata via con un movimento deciso, rimuovendo così i peli indesiderati.

Le pinzette rappresentano un'altra opzione per la depilazione delle sopracciglia e consentono una maggiore precisione e controllo nella rimozione dei singoli peli. Le pinzette possono essere utilizzate per catturare e rimuovere i peli uno alla volta, consentendo di definire con precisione la forma e l'aspetto delle sopracciglia in base alle preferenze del cliente. È importante utilizzare pinzette di alta qualità con punte sottili e affilate per garantire una rimozione efficace dei peli senza danneggiare la pelle circostante.

Oltre alla depilazione con cera e pinzette, esistono anche metodi alternativi per la rimozione dei peli dalle sopracciglia, tra cui la depilazione con filo e l'utilizzo di apparecchiature elettriche come i trimmer e i dispositivi a luce pulsata. La depilazione con filo è una tecnica tradizionale che coinvolge l'uso di un filo di cotone intrecciato per catturare e rimuovere i peli in eccesso, mentre i trimmer e i dispositivi a luce pulsata offrono soluzioni moderne per la depilazione delle sopracciglia con risultati rapidi e duraturi.

Indipendentemente dal metodo scelto, è fondamentale seguire le procedure di igiene e sicurezza appropriate per garantire un'esperienza confortevole e priva di rischi per il cliente. Questo include la pulizia e la disinfezione accurata degli strumenti e delle superfici di lavoro, nonché l'applicazione di prodotti lenitivi e idratanti per ridurre l'irritazione e l'infiammazione della pelle dopo la depilazione.

7. Applicazione di Cosmetici per le Sopracciglia: Matite, Gel e Polveri

L'applicazione di cosmetici per le sopracciglia rappresenta un passaggio cruciale nella definizione e nell'accentuazione della forma e del colore delle sopracciglia, contribuendo a creare un look impeccabile e armonioso. Tra i cosmetici più comuni utilizzati per questo scopo vi sono le matite, i gel e le polveri, ciascuno dei quali offre vantaggi unici e può essere adattato alle preferenze e alle esigenze del cliente.

Le matite per sopracciglia sono un'opzione versatile e popolare che consente di definire e riempire le sopracciglia con precisione. Disponibili in una vasta gamma di colori, le matite per sopracciglia possono essere utilizzate per tracciare linee definite e riempire eventuali spazi vuoti o aree meno dense delle sopracciglia. È importante scegliere una matita che corrisponda al colore naturale delle sopracciglia del cliente e che abbia una consistenza morbida e cremosa per una facile applicazione e un aspetto naturale.

I gel per sopracciglia sono un'altra opzione popolare per fissare e definire le sopracciglia, offrendo un aspetto naturale e duraturo. I gel per sopracciglia sono disponibili in diverse formule, tra cui gel trasparenti per fissare le sopracciglia esistenti senza aggiungere colore e gel colorati per definire e riempire le sopracciglia con una tonalità aggiuntiva. L'applicazione del gel per sopracciglia può essere effettuata con un'apposita spazzolina o con un pennello angolato per una maggiore precisione e controllo.

Le polveri per sopracciglia sono una scelta ideale per coloro che desiderano un aspetto naturale e sfumato. Disponibili in una vasta gamma di colori, le polveri per sopracciglia possono essere applicate con un pennello angolato per definire e riempire le sopracciglia con una tonalità morbida e graduale. Le polveri per sopracciglia sono particolarmente adatte per creare sfumature e ombreggiature nelle sopracciglia, aggiungendo profondità e dimensione al look complessivo.

Indipendentemente dal cosmetico scelto, è importante seguire le procedure corrette per un'applicazione uniforme e professionale. Questo include la scelta del colore appropriato in base al tono della pelle e dei capelli del cliente, nonché l'utilizzo di pennelli e applicatori puliti per evitare contaminazioni e infezioni. Inoltre, è consigliabile fissare il trucco delle sopracciglia con un'apposita cera trasparente o un gel per garantire una durata prolungata e un aspetto impeccabile per tutta la giornata.

8. Tecniche di Tintura delle Sopracciglia: Procedure e Considerazioni

La tintura delle sopracciglia è una pratica comune per coloro che desiderano migliorare il colore e la definizione delle loro sopracciglia in modo duraturo. Questa tecnica coinvolge l'applicazione di un colore specifico sulle sopracciglia per accentuarne la tonalità naturale o modificarla in base alle preferenze del cliente. Le tecniche di tintura delle sopracciglia possono variare a seconda del tipo di prodotto utilizzato e delle preferenze del cliente, e richiedono un'applicazione precisa e attenta per ottenere risultati soddisfacenti.

Prima di iniziare la procedura di tintura delle sopracciglia, è fondamentale effettuare una valutazione approfondita delle caratteristiche individuali del cliente, compreso il suo tono della pelle, il colore dei capelli e le preferenze estetiche. Questa valutazione aiuta a determinare il colore più adatto da utilizzare e a personalizzare la tecnica di tintura per soddisfare le esigenze specifiche del cliente.

Durante la procedura di tintura delle sopracciglia, è importante seguire attentamente le istruzioni del produttore del prodotto tintura utilizzato. Questo include la preparazione adeguata del prodotto, la miscelazione accurata del colore e l'applicazione uniforme sulla superficie delle sopracciglia. L'uso di strumenti puliti e sterilizzati è essenziale per evitare contaminazioni e infezioni durante la procedura.

Dopo aver applicato il colore sulle sopracciglia, è necessario rispettare il tempo di posa consigliato per consentire al colore di fissarsi correttamente sulle sopracciglia. Durante questo periodo, è importante monitorare attentamente il processo per assicurarsi che il colore si sviluppi uniformemente e senza reazioni avverse sulla pelle del cliente.

Una volta completato il tempo di posa, il colore deve essere accuratamente rimosso dalle sopracciglia utilizzando acqua tiepida e un batuffolo di cotone o un panno morbido. È essenziale rimuovere completamente il colore per evitare eventuali residui sulla pelle o sulle sopracciglia stesse.

Infine, è importante fornire al cliente le istruzioni appropriate per il post-trattamento, inclusi consigli su come prendersi cura delle sopracciglia tinteggiate e quanto frequentemente ripetere il trattamento per mantenere il colore desiderato nel tempo.

La tintura delle sopracciglia può essere una soluzione efficace per migliorare l'aspetto e la definizione delle sopracciglia in modo sicuro e duraturo, purché venga eseguita correttamente e seguendo le procedure consigliate.

9. Rifinitura Finale e Consigli per il Mantenimento delle Sopracciglia

Una volta completata la procedura di disegno e modellazione delle sopracciglia, è fondamentale dedicare attenzione alla rifinitura finale per garantire un aspetto impeccabile e duraturo. Questo processo coinvolge una serie di passaggi finali volti a perfezionare la forma, il colore e la definizione delle sopracciglia, oltre a fornire al cliente consigli utili per mantenere il risultato ottenuto nel tempo.

La rifinitura finale può includere la correzione di eventuali irregolarità o disallineamenti nelle sopracciglia, utilizzando pinzette per rimuovere eventuali peli indesiderati e garantire una forma uniforme e ben definita. Questa fase richiede grande attenzione ai dettagli e un occhio esperto per assicurarsi che le sopracciglia siano impeccabilmente curate e in armonia con il resto del viso.

Inoltre, durante la rifinitura finale è possibile apportare eventuali correzioni al colore delle sopracciglia, se necessario, per garantire un aspetto naturale e armonioso. Questo può includere l'applicazione di leggere sfumature o ritocchi per uniformare il colore e correggere eventuali imperfezioni.

Una volta completata la fase di rifinitura, è importante fornire al cliente consigli pratici per mantenere le sopracciglia in condizioni ottimali nel tempo. Questi consigli possono includere l'uso di prodotti specifici per la cura delle sopracciglia, come gel o oli nutritivi, per mantenere la morbidezza e la lucentezza dei peli, oltre a evitare l'uso eccessivo di trucco che potrebbe compromettere il risultato ottenuto.

Inoltre, è consigliabile consigliare al cliente di evitare l'esposizione prolungata al sole e l'uso di prodotti chimici aggressivi nelle vicinanze delle sopracciglia, in quanto ciò potrebbe compromettere la durata e l'integrità del colore e della forma. Inoltre, è importante informare il cliente sulla frequenza raccomandata per i ritocchi e le visite di follow-up per mantenere le sopracciglia in perfette condizioni nel tempo.

Fornire al cliente queste informazioni utili può aiutarlo a prendersi cura delle sue sopracciglia in modo efficace e garantire risultati duraturi e soddisfacenti nel tempo.

IX. Pratica del tracciamento delle sopracciglia con matite e stencil

1. Introduzione al tracciamento delle sopracciglia

L'introduzione al tracciamento delle sopracciglia costituisce un momento fondamentale nel processo di definizione della forma e dello stile desiderati. Questa pratica, se eseguita con precisione e attenzione, permette di delineare con chiarezza i contorni delle sopracciglia, creando una guida visiva per l'applicazione successiva di microblading, dermopigmentazione o cosmetici.

Il tracciamento delle sopracciglia rappresenta il primo passo per ottenere risultati esteticamente soddisfacenti, in quanto consente di personalizzare il lavoro in base alle caratteristiche uniche del viso del cliente. Durante questa fase, è essenziale comprendere non solo la morfologia delle sopracciglia, ma anche la simmetria del viso, la disposizione degli occhi e altre caratteristiche individuali.

Inoltre, il tracciamento delle sopracciglia offre l'opportunità di comunicare con il cliente e di stabilire le sue preferenze estetiche. È un momento di dialogo e condivisione in cui è possibile ascoltare le sue richieste, valutare le sue esigenze e fornire consigli professionali per ottenere il risultato desiderato.

Nel corso di questo capitolo, esploreremo in dettaglio le varie tecniche e strumenti utilizzati nel tracciamento delle sopracciglia, fornendo istruzioni pratiche e consigli utili per una corretta esecuzione. Con una guida accurata e una comprensione approfondita dei principi di base, sarete in grado di affrontare con fiducia questa fase cruciale del processo di styling delle sopracciglia.

2. Utilizzo delle matite per il tracciamento delle sopracciglia

L'utilizzo delle matite per il tracciamento delle sopracciglia rappresenta una delle tecniche più comuni e versatili nel settore della cosmetica e del make-up. Questo strumento offre una grande flessibilità nel modellare e definire le sopracciglia, consentendo un tracciamento preciso e dettagliato.

Prima di iniziare il tracciamento, è importante selezionare una matita adatta al tipo di pelle del cliente e al risultato desiderato. Le matite possono avere diverse consistenze, da morbide a più rigide, e variano anche per colore e tonalità. È consigliabile utilizzare una matita di alta qualità, ben pigmentata e facile da sfumare, per ottenere risultati ottimali.

Durante l'applicazione della matita, è fondamentale adottare una tecnica leggera e precisa. Si consiglia di iniziare tracciando delicatamente i contorni delle sopracciglia seguendo la forma naturale dei peli. È possibile utilizzare la matita per correggere eventuali irregolarità o asimmetrie, creando una forma più armoniosa e bilanciata.

Un altro aspetto importante è la scelta del colore della matita. È essenziale selezionare una tonalità che si adatti al colore naturale dei capelli e delle sopracciglia del cliente, garantendo un risultato naturale e armonioso. Durante la consulenza iniziale, è consigliabile discutere con il cliente le sue preferenze e valutare insieme il colore più adatto.

Infine, una volta completato il tracciamento con la matita, è possibile utilizzare un pennellino per sfumare leggermente i tratti e ottenere un effetto più morbido e naturale. Questo passaggio aiuta a integrare il tracciamento con la forma naturale delle sopracciglia, creando un look uniforme e ben definito.

Utilizzare le matite per il tracciamento delle sopracciglia richiede pratica e precisione, ma con l'esperienza e una corretta comprensione delle tecniche, è possibile ottenere risultati sorprendenti e soddisfacenti per il cliente.

3. Tecniche di tracciamento delle sopracciglia con matita

Le tecniche di tracciamento delle sopracciglia con matita rappresentano un passaggio cruciale nel processo di modellazione e definizione delle sopracciglia. Questo metodo consente di creare contorni precisi e dettagliati, delineando la forma desiderata con precisione e accuratezza.

Per ottenere risultati ottimali, è importante adottare una serie di tecniche e strategie durante il tracciamento con la matita. Innanzitutto, è fondamentale iniziare con una linea leggera e delicata, seguendo la forma naturale delle sopracciglia del cliente. Questo permette di stabilire i contorni di base senza esagerare eccessivamente.

Durante il tracciamento, è utile utilizzare movimenti delicati e controllati, evitando di esercitare troppa pressione sulla matita. Questo aiuta a mantenere il tratto uniforme e evita eventuali errori o tratti troppo marcati. Inoltre, è consigliabile lavorare lentamente e con pazienza, per garantire una precisione maggiore e una forma più naturale.

Una tecnica comune durante il tracciamento con la matita è quella di seguire una serie di linee guida predefinite per definire la forma delle sopracciglia. Queste linee guida possono includere punti di riferimento come l'angolo esterno dell'occhio, l'apice dell'arco sopraccigliare e la coda della sopracciglia. Seguire queste linee guida aiuta a mantenere una forma armoniosa e ben bilanciata.

Durante il tracciamento, è importante anche tenere conto della simmetria e dell'equilibrio tra le due sopracciglia. Utilizzando la matita, è possibile correggere eventuali discrepanze e asimmetrie, creando una forma uniforme e bilanciata su entrambi i lati del viso.

Infine, una volta completato il tracciamento con la matita, è possibile valutare il risultato complessivo e apportare eventuali correzioni o aggiustamenti necessari. Questo passaggio finale aiuta a garantire un aspetto coerente e ben definito, soddisfacendo le preferenze del cliente e ottenendo un risultato impeccabile.

4. Selezione degli stencil per il tracciamento delle sopracciglia

La selezione degli stencil per il tracciamento delle sopracciglia
è un aspetto cruciale del processo, poiché determina la forma e
le proporzioni finali delle sopracciglia. Gli stencil sono
strumenti predefiniti che consentono di ottenere una forma
uniforme e ben definita, riducendo al minimo il rischio di errori
durante il tracciamento.

Prima di selezionare uno stencil specifico, è importante
valutare attentamente la morfologia del viso del cliente e le sue
preferenze personali. Gli stencil sono disponibili in una varietà
di forme e dimensioni, ognuno progettato per adattarsi a
diverse caratteristiche facciali e stili di sopracciglia. Pertanto, è
essenziale scegliere uno stencil che si adatti al meglio alla
forma del viso del cliente e ai suoi obiettivi estetici.

Durante la selezione degli stencil, è utile considerare anche la
simmetria e l'equilibrio delle sopracciglia. Idealmente, gli
stencil dovrebbero essere scelti in modo che entrambe le
sopracciglia abbiano una forma coerente e ben bilanciata,
creando un aspetto armonioso e naturale.

Una volta scelto lo stencil appropriato, è importante
posizionarlo accuratamente sul viso del cliente, assicurandosi
che sia allineato correttamente e che rispetti le proporzioni
desiderate. Questo può richiedere un po' di pratica e
sperimentazione, ma è essenziale per ottenere risultati precisi e
soddisfacenti.

Durante il tracciamento con gli stencil, è consigliabile utilizzare una matita o un eyeliner per seguire i contorni dello stencil in modo chiaro e definito. È importante lavorare con precisione e attenzione ai dettagli, assicurandosi di coprire completamente le aree desiderate e di mantenere una forma uniforme lungo tutto il perimetro delle sopracciglia.

Dopo aver completato il tracciamento con lo stencil, è possibile rimuoverlo con delicatezza e valutare il risultato complessivo. Se necessario, è possibile apportare correzioni o aggiustamenti utilizzando una matita per riempire eventuali lacune o irregolarità, garantendo un aspetto finale impeccabile e soddisfacente.

5. Procedura di tracciamento delle sopracciglia con stencil

La procedura di tracciamento delle sopracciglia con gli stencil è un processo articolato che richiede attenzione ai dettagli e precisione. Prima di iniziare, assicurati di avere a disposizione tutti gli strumenti necessari, inclusi gli stencil scelti, una matita per sopracciglia o un eyeliner, e un pennello a setole sottili per eventuali correzioni.

Per cominciare, prepara la pelle del viso del cliente pulendola accuratamente con un detergente delicato per rimuovere eventuali residui di trucco, olio o sudore. Assicurati che la pelle sia completamente asciutta prima di procedere, in modo da garantire una migliore adesione dello stencil.

Successivamente, seleziona lo stencil appropriato in base alla forma desiderata delle sopracciglia e alla morfologia del viso del cliente. Posiziona lo stencil sul viso del cliente, facendo attenzione ad allinearlo correttamente e ad aderirlo bene alla pelle senza lasciare spazi vuoti.

Una volta posizionato lo stencil, utilizza la matita per tracciare delicatamente i contorni esterni dello stencil, seguendo la forma e le dimensioni desiderate delle sopracciglia. Assicurati di lavorare con movimenti fluidi e leggeri per ottenere linee precise e definite.

Durante il tracciamento, fai attenzione a mantenere una forma uniforme lungo tutto il perimetro delle sopracciglia e a evitare movimenti bruschi che potrebbero compromettere la simmetria. Se necessario, puoi utilizzare il pennello a setole sottili per sfumare eventuali imperfezioni o correggere piccoli errori.

Una volta completato il tracciamento, rimuovi delicatamente lo stencil per valutare il risultato complessivo. Se necessario, apporta eventuali correzioni o aggiustamenti utilizzando la matita o l'eyeliner per definire ulteriormente la forma delle sopracciglia.

Infine, assicurati di comunicare chiaramente con il cliente durante tutto il processo, chiedendo feedback e confermando che la forma e le proporzioni delle sopracciglia siano di suo gradimento. Questo contribuirà a garantire la soddisfazione del cliente e risultati ottimali.

6. Correzione e rifinitura del tracciamento delle sopracciglia

Una fase fondamentale nella pratica del tracciamento delle sopracciglia è la correzione e la rifinitura, che permette di perfezionare la forma e l'aspetto delle sopracciglia in base alle preferenze del cliente e agli obiettivi estetici desiderati. Dopo aver completato il tracciamento iniziale con lo stencil, è importante dedicare del tempo alla valutazione critica del risultato e apportare eventuali correzioni necessarie per ottenere un'aspetto ottimale.

Per cominciare, esamina attentamente il tracciamento delle sopracciglia, valutando la simmetria, l'equilibrio e la proporzione rispetto al resto del viso. Fai attenzione a eventuali discrepanze o irregolarità e individua le aree che richiedono correzioni o aggiustamenti.

Utilizza una matita o un eyeliner per definire ulteriormente i contorni delle sopracciglia, aggiungendo dettagli e definendo i punti di inizio, apice e fine in modo più preciso. Presta particolare attenzione alla forma dell'arco e alla coda delle sopracciglia, assicurandoti che siano uniformi e ben definiti.

Durante il processo di correzione, è importante lavorare con leggerezza e precisione, evitando movimenti bruschi che potrebbero compromettere la forma delle sopracciglia. Usa piccoli tratti o sfumature per aggiungere o rimuovere volume dove necessario, creando una transizione graduale tra le sopracciglia e la pelle circostante.

Se riscontri difficoltà nel correggere determinate aree o nel raggiungere il risultato desiderato, non esitare a consultare il cliente per ottenere feedback e indicazioni specifiche sulle preferenze estetiche. La comunicazione aperta e trasparente è essenziale per garantire la soddisfazione del cliente e ottenere risultati ottimali.

Una volta completata la fase di correzione, valuta nuovamente il risultato complessivo e apporta eventuali ultimi ritocchi o aggiustamenti necessari per perfezionare ulteriormente la forma e l'aspetto delle sopracciglia. Assicurati di dedicare il tempo necessario a questa fase, poiché anche piccoli dettagli possono fare una grande differenza nel risultato finale.

7. Consigli pratici per il tracciamento delle sopracciglia con matite e stencil

Nel tracciamento delle sopracciglia con matite e stencil, è essenziale seguire alcuni consigli pratici per ottenere risultati precisi e soddisfacenti. Ecco alcuni suggerimenti utili che possono aiutarti a migliorare la tua tecnica e ottenere sopracciglia ben definite e armoniose.

1. **Preparazione accurata:** Prima di iniziare il tracciamento, assicurati che la pelle intorno alle sopracciglia sia pulita e priva di residui di trucco o olio. Utilizza un detergente delicato per detergere la zona e asciugala completamente con un fazzoletto di carta.

2. **Scelta degli stencil:** Se utilizzi degli stencil per il tracciamento, seleziona quelli che meglio si adattano alla forma naturale delle sopracciglia del cliente e alle sue preferenze estetiche. Assicurati che gli stencil siano puliti e disinfettati prima dell'uso per evitare contaminazioni.

3. **Posizionamento corretto:** Applica lo stencil sulla zona delle sopracciglia in modo che sia ben allineato con gli occhi e la forma del viso del cliente. Assicurati che lo stencil sia posizionato simmetricamente su entrambi i lati del viso per evitare discrepanze nella forma delle sopracciglia.

4. **Utilizzo della matita:** Quando tracci le sopracciglia con la matita, assicurati di utilizzare una matita ben affilata per ottenere tratti precisi e definiti. Tieni la matita leggermente inclinata e usa movimenti delicati per disegnare i contorni delle sopracciglia seguendo la forma naturale.

5. **Gradualità e precisione:** Lavora con gradualità e precisione durante il tracciamento, aggiungendo dettagli e definizioni poco alla volta. Evita di esagerare con la quantità di prodotto applicato e cerca di mantenere una mano ferma per evitare errori.

6. **Correzione durante il processo:** Se riscontri discrepanze o irregolarità durante il tracciamento, non esitare a correggerle immediatamente utilizzando un cotton-fioc imbevuto di struccante o una piccola spazzola per sopracciglia. Lavora con pazienza e attenzione per ottenere risultati uniformi e ben definiti.

7. **Consultazione con il cliente:** Durante il tracciamento, coinvolgi attivamente il cliente nel processo, chiedendo il suo parere e accogliendo eventuali feedback o suggerimenti. La comunicazione aperta e trasparente è fondamentale per garantire la soddisfazione del cliente e ottenere risultati che rispecchino le sue preferenze estetiche.

Seguendo questi consigli pratici e dedicando tempo e attenzione al tracciamento delle sopracciglia, sarai in grado di ottenere risultati professionali e soddisfacenti per i tuoi clienti.

X. Tecniche di anestesia locale e gestione del dolore

1. Tipi di Anestesia Locale: Scelta e Applicazione

Quando si tratta di anestesia locale nel contesto delle procedure di microblading, dermopigmentazione e trucco permanente delle sopracciglia, è fondamentale comprendere i diversi tipi di anestetici disponibili e come scegliere quello più adatto a ciascun cliente.

Gli anestetici locali sono farmaci utilizzati per intorpidire temporaneamente una parte specifica del corpo, riducendo così al minimo il disagio e il dolore durante la procedura. La scelta dell'anestesia locale dipende da vari fattori, tra cui la sensibilità individuale del cliente, la durata prevista della procedura, il tipo di trattamento e le preferenze personali.

Alcuni dei tipi di anestesia locale comunemente utilizzati includono creme anestetiche topiche, gel anestetici, soluzioni anestetiche iniettabili e blocchi nervosi. Ciascun tipo ha i suoi vantaggi e svantaggi, nonché considerazioni specifiche per l'applicazione e il dosaggio.

Ad esempio, le creme anestetiche topiche sono spesso utilizzate per intorpidire la superficie della pelle e sono applicate prima della procedura, richiedendo un tempo di assorbimento sufficiente per garantire un effetto completo. I gel anestetici possono essere utilizzati per una maggiore precisione nelle aree più sensibili, mentre le soluzioni iniettabili offrono un'intorpidimento più profondo e duraturo.

I blocchi nervosi, se appropriati, possono essere utilizzati per anestetizzare un'area più estesa, come nel caso di interventi più invasivi o dolorosi. È importante valutare attentamente ciascun cliente e considerare attentamente le loro esigenze e preferenze prima di procedere con l'applicazione dell'anestesia locale.

Inoltre, è essenziale seguire le linee guida e le precauzioni per l'uso di ciascun tipo di anestesia locale, garantendo la sicurezza del cliente e il successo della procedura. Una corretta conoscenza e applicazione delle tecniche di anestesia locale sono fondamentali per garantire un'esperienza confortevole e soddisfacente per il cliente durante il trattamento delle sopracciglia.

2. Gestione del Dolore nel Microblading: Strategie e Protocolli

Quando si affronta la gestione del dolore nel contesto del microblading, è essenziale adottare una serie di strategie e protocolli per garantire il comfort ottimale del cliente durante la procedura.

Una delle prime considerazioni è la preparazione psicologica del cliente, poiché l'aspettativa del dolore può influenzare significativamente la sua percezione durante il trattamento. Prima di iniziare, è importante comunicare chiaramente con il cliente sui livelli di dolore attesi e su come affrontarlo in modo efficace.

Inoltre, l'uso di anestesia locale, come discusso nel paragrafo precedente, è fondamentale per ridurre al minimo il disagio durante il microblading. Applicare un'anestesia locale prima della procedura può aiutare a intorpidire l'area trattata e ridurre sensibilmente il dolore avvertito dal cliente.

Oltre all'anestesia locale, esistono altre strategie pratiche che possono contribuire a migliorare l'esperienza del cliente. Ad esempio, la scelta di un ago di dimensioni appropriate può ridurre al minimo la sensazione di dolore durante il microblading. Gli aghi più sottili possono essere meno dolorosi rispetto a quelli più spessi e consentono una maggiore precisione nel tracciamento delle singole linee delle sopracciglia.

Inoltre, la tecnica di lavorazione dell'operatore può influenzare notevolmente il livello di comfort del cliente. Un tocco leggero e delicato può ridurre la sensazione di dolore durante il trattamento. L'operatore dovrebbe essere consapevole della pressione esercitata durante il microblading e regolarla in base alle esigenze del cliente.

Altri fattori da considerare includono la durata della seduta e la possibilità di concedere pause durante la procedura per permettere al cliente di rilassarsi e riprendere le energie. Inoltre, offrire supporto emotivo e rassicurazioni durante il trattamento può contribuire a ridurre l'ansia e il disagio del cliente.

Infine, è importante prestare attenzione alla fase post-trattamento e fornire al cliente istruzioni dettagliate su come gestire eventuali disagi o sensazioni di dolore dopo il microblading. Una corretta cura post-trattamento può contribuire a garantire una rapida guarigione e ridurre al minimo il disagio nel periodo successivo alla procedura.

In sintesi, una combinazione di anestesia locale, tecnica operativa appropriata, preparazione psicologica del cliente e attenzione post-trattamento sono fondamentali per la gestione efficace del dolore nel microblading. Questo approccio olistico può garantire un'esperienza confortevole e soddisfacente per il cliente durante tutto il processo di trattamento delle sopracciglia.

3. Anestetici Topici: Applicazione e Tempi di Attesa

L'applicazione degli anestetici topici è una componente cruciale della gestione del dolore nel microblading e in altri trattamenti estetici. Gli anestetici topici sono prodotti progettati per intorpidire temporaneamente la pelle, riducendo così al minimo il disagio durante la procedura. Tuttavia, è fondamentale applicarli correttamente per garantirne l'efficacia e la sicurezza.

Prima di tutto, è importante selezionare un anestetico topico di qualità, preferibilmente uno raccomandato da professionisti medici o dermatologi. Assicurarsi che il prodotto sia conforme agli standard di sicurezza e qualità e che sia adatto all'uso sulla pelle del viso.

Una volta scelto l'anestetico topico, è necessario seguire attentamente le istruzioni del produttore per l'applicazione. Generalmente, si consiglia di applicare uno strato sottile di crema anestetica sulla zona da trattare e di massaggiare delicatamente fino a completo assorbimento. È importante evitare l'applicazione eccessiva dell'anestetico, poiché potrebbe compromettere i risultati del trattamento o causare reazioni indesiderate.

Dopo aver applicato l'anestetico topico, è necessario rispettare i tempi di attesa indicati sulle istruzioni del produttore. Questo periodo di attesa consente all'anestetico di penetrare efficacemente nella pelle e di raggiungere il massimo effetto anestetico. I tempi di attesa possono variare a seconda del tipo di anestetico e dalla sensibilità individuale della pelle, quindi è importante consultare le istruzioni specifiche del produttore per determinare il tempo ottimale di esposizione.

Durante il periodo di attesa, è consigliabile tenere la zona trattata coperta per evitare l'evaporazione dell'anestetico e garantirne una penetrazione ottimale. È inoltre importante rassicurare il cliente sul processo e rispondere a eventuali domande o preoccupazioni che possa avere riguardo all'applicazione dell'anestetico.

Dopo il completamento del periodo di attesa, è possibile iniziare la procedura di microblading o di dermopigmentazione. È importante monitorare attentamente il cliente durante la procedura per garantire che l'anestesia abbia l'effetto desiderato e che il cliente sia confortevole.

In conclusione, l'applicazione degli anestetici topici richiede attenzione ai dettagli e il rispetto delle istruzioni del produttore per garantire una gestione efficace del dolore durante il microblading e altri trattamenti estetici.

4. Considerazioni sull'Anestesia per la Dermopigmentazione: Rischi e Benefici

Quando si tratta di dermatopigmentazione, la gestione del dolore attraverso l'anestesia è un elemento chiave per garantire un'esperienza confortevole per il cliente. Tuttavia, è importante considerare attentamente i rischi e i benefici associati all'uso di anestetici in questo contesto specifico.

Uno dei principali benefici dell'anestesia durante la dermatopigmentazione è la riduzione del disagio per il cliente durante la procedura. La dermatopigmentazione coinvolge l'introduzione di pigmenti nella pelle tramite microiniezioni, il che può essere potenzialmente doloroso, specialmente nelle aree sensibili come il viso. L'anestesia locale può aiutare a minimizzare questo disagio, consentendo al cliente di sentirsi più a suo agio durante il trattamento.

Tuttavia, è importante essere consapevoli dei potenziali rischi associati all'uso di anestetici durante la dermatopigmentazione. Gli anestetici possono causare reazioni allergiche o irritazioni cutanee, specialmente se il cliente ha una pelle sensibile o una storia di allergie nota. Prima di utilizzare qualsiasi tipo di anestetico, è fondamentale condurre un'accurata valutazione del cliente per identificare eventuali controindicazioni o preoccupazioni specifiche legate alla sua salute e alla sua pelle.

Inoltre, è importante considerare l'effetto dell'anestesia sull'esito della procedura stessa. Sebbene l'anestesia possa ridurre il dolore per il cliente, può anche influenzare la sensibilità tattile dell'artista della dermatopigmentazione, rendendo più difficile valutare la pressione e la profondità delle microiniezioni. Questo potrebbe influenzare la precisione e l'accuratezza del risultato finale della procedura.

Un'altra considerazione importante è la durata dell'effetto dell'anestesia. Molti anestetici hanno un'efficacia limitata nel tempo e possono richiedere riapplicazioni durante la procedura per mantenere un adeguato controllo del dolore. È importante pianificare di conseguenza e prendere in considerazione il tempo necessario per le eventuali riapplicazioni durante la seduta di dermatopigmentazione.

In conclusione, l'uso di anestesia durante la dermatopigmentazione può offrire numerosi benefici in termini di gestione del dolore per il cliente. Tuttavia, è importante valutare attentamente i rischi e i benefici associati e adottare precauzioni appropriate per garantire un trattamento sicuro ed efficace.

5. Approcci per la Riduzione del Dolore durante il Trattamento: Suggerimenti e Consigli

Nella pratica della dermopigmentazione e del microblading, la gestione del dolore è fondamentale per garantire il comfort del cliente durante il trattamento. Sebbene l'anestesia locale sia spesso utilizzata per ridurre il dolore, esistono anche altri approcci e strategie che possono essere adottati per alleviare il disagio durante la procedura. Di seguito sono riportati alcuni suggerimenti e consigli pratici per ridurre il dolore durante il trattamento di dermopigmentazione e microblading.

1. **Applicazione di creme anestetiche:** Prima della procedura, è possibile applicare creme anestetiche sulla zona interessata per ridurre il disagio del cliente. Queste creme, contenenti ingredienti anestetici come la lidocaina o il prilocaina, possono essere efficaci nel ridurre la sensazione di dolore cutaneo. È importante seguire attentamente le istruzioni del produttore e assicurarsi di testare eventuali reazioni allergiche prima dell'uso.

2. **Tecniche di respirazione e rilassamento:** Incoraggiare il cliente a praticare tecniche di respirazione profonda e rilassamento durante la procedura può contribuire a ridurre la percezione del dolore e a promuovere una maggiore sensazione di calma e comfort. I respiri profondi e regolari possono aiutare a distogliere l'attenzione dal dolore e a favorire un senso di benessere generale.

3. **Comunicazione continua:** Mantenere una comunicazione aperta e continua con il cliente durante la procedura è essenziale per garantire il suo comfort. Chiedere regolarmente al cliente se sta provando dolore e se ha bisogno di una pausa può aiutare a individuare tempestivamente eventuali disagi e adottare misure correttive, come la riapplicazione di anestesici o l'aggiustamento della pressione degli strumenti.

4. **Controllo della temperatura:** Mantenere una temperatura ambiente confortevole nello studio può contribuire a ridurre il disagio del cliente durante la procedura. Assicurarsi che lo studio sia ben riscaldato o raffreddato a seconda delle esigenze stagionali può contribuire a creare un ambiente più confortevole e rilassante per il cliente.

5. **Distrazione visiva:** Offrire al cliente qualcosa su cui concentrarsi durante la procedura, come musica rilassante, podcast o un film, può aiutare a distogliere l'attenzione dal dolore e a favorire una sensazione di tranquillità. La distrazione visiva può essere particolarmente utile durante le fasi più intense della procedura.

6. **Gestione dell'ansia e dello stress:** Prendere in considerazione le esigenze emotive del cliente e offrire sostegno emotivo può contribuire a ridurre l'ansia e lo stress associati alla procedura. Assicurarsi che il cliente si senta ascoltato, supportato e compreso può favorire un'esperienza più positiva complessiva e ridurre la percezione del dolore.

7. **Monitoraggio della sensibilità individuale:** Ogni cliente ha un diverso livello di sensibilità al dolore, quindi è importante adattare le strategie di gestione del dolore in base alle loro esigenze individuali. Essere sensibili alle reazioni del cliente e adottare un approccio personalizzato può contribuire a garantire un'esperienza confortevole e soddisfacente per tutti.

8. **Discussione preventiva:** Prima della procedura, è importante discutere apertamente con il cliente le opzioni di gestione del dolore disponibili e stabilire aspettative realistiche riguardo al livello di comfort che possono aspettarsi durante il trattamento. Questo aiuta a creare fiducia e trasparenza e consente al cliente di sentirsi più preparato e sicuro durante la procedura.

Implementando questi suggerimenti e consigli pratici, è possibile migliorare significativamente l'esperienza complessiva del cliente durante la dermopigmentazione e il microblading, riducendo al minimo il disagio e garantendo risultati soddisfacenti.

XI. Applicazione della tecnica di microblading

1. Preparazione dello strumento e dell'area di lavoro

Prima di iniziare la procedura di microblading, è essenziale garantire una preparazione accurata dello strumento e dell'area di lavoro. Questo passaggio fondamentale contribuisce non solo alla sicurezza del cliente, ma anche alla precisione e all'efficacia del trattamento stesso.

Innanzitutto, assicurati di avere a disposizione tutti gli strumenti necessari per eseguire il microblading in modo professionale e igienico. Questi strumenti includono le micro-lame monouso, il pigmento, i guanti monouso, le garze sterili, gli aghi per la disinfestazione, le salviette disinfettanti e il nastro adesivo per fissare la pelle durante il trattamento. Verifica che tutti gli strumenti siano sterilizzati e pronti per l'uso, conformemente alle normative igieniche e di sicurezza.

Una volta che hai preparato gli strumenti, dedica attenzione alla preparazione dell'area di lavoro. Assicurati che il tuo posto di lavoro sia pulito, ordinato e ben illuminato. Elimina qualsiasi possibile fonte di contaminazione, come polvere, peli o residui di trucco, per garantire un ambiente sterile e sicuro per il cliente.

Disponi tutti gli strumenti e i materiali in modo ordinato e accessibile, in modo da poterli utilizzare facilmente durante la procedura senza interruzioni. Organizza la tua postazione in modo che tu abbia spazio sufficiente per muoverti comodamente e lavorare con precisione.

Prima di iniziare il trattamento, assicurati di indossare abiti protettivi, come camici monouso e mascherine, per ridurre al minimo il rischio di contaminazione e proteggere sia te stesso che il cliente.

Una volta completata la preparazione dello strumento e dell'area di lavoro, sarai pronto per iniziare la procedura di microblading con fiducia e sicurezza, garantendo risultati ottimali e soddisfacenti per il cliente.

2. Disegno preliminare delle sopracciglia

Il disegno preliminare delle sopracciglia rappresenta una fase critica nella procedura di microblading, poiché determina la forma e la simmetria delle sopracciglia che saranno realizzate. Prima di iniziare il tracciamento definitivo, è fondamentale condurre un'attenta valutazione del viso del cliente e comprendere le sue preferenze estetiche.

Inizia osservando attentamente la morfologia del viso del cliente, tenendo conto della sua struttura ossea, della forma del viso e degli occhi, nonché delle proporzioni del naso e della bocca. Questa analisi morfologica ti aiuterà a determinare quale forma di sopracciglia si adatta meglio alle caratteristiche del viso del cliente e quali correzioni sono necessarie per ottenere un risultato armonioso.

Successivamente, comunica con il cliente per comprendere le sue preferenze estetiche e il risultato desiderato. Chiedi al cliente se ha una forma di sopracciglia preferita o se ha delle specifiche richieste riguardo allo stile e all'intensità del microblading. L'ascolto attivo e la comunicazione efficace con il cliente sono fondamentali per garantire la sua soddisfazione e per realizzare sopracciglia che si adattino perfettamente al suo volto e al suo stile.

Una volta acquisite le informazioni necessarie, procedi con il disegno preliminare delle sopracciglia utilizzando una matita per sopracciglia di colore neutro. Segui le linee guida stabilite durante l'analisi morfologica e le preferenze del cliente per creare un disegno preciso e accurato. Utilizza tecniche di misurazione e marcatura per garantire simmetria e equilibrio tra le due sopracciglia.

Durante il disegno preliminare, prendi in considerazione anche la naturale crescita dei peli delle sopracciglia e rispetta la loro direzione e inclinazione. Questo contribuirà a ottenere un aspetto naturale e realistico una volta completata la procedura di microblading.

Una volta completato il disegno preliminare, verifica attentamente la forma e la simmetria delle sopracciglia e chiedi al cliente conferma e feedback. Effettua eventuali correzioni o modifiche in base alle sue indicazioni prima di procedere con il trattamento effettivo.

3. Scelta del colore e della forma delle micro-lame

La scelta del colore e della forma delle micro-lame nel microblading è un passo cruciale per ottenere risultati soddisfacenti e naturali. Innanzitutto, è importante considerare il colore naturale delle sopracciglia del cliente e la tonalità della sua pelle. Osserva attentamente la tonalità dei capelli e delle sopracciglia esistenti, così come la carnagione del viso, per determinare il colore più adatto per le micro-lame.

Le micro-lame sono disponibili in una varietà di forme e dimensioni, ciascuna progettata per creare linee e tratti di diversa lunghezza e spessore. La scelta della forma e della dimensione delle micro-lame dipende dalle preferenze estetiche del cliente, nonché dalla struttura delle sue sopracciglia e dal risultato desiderato. Ad esempio, le micro-lame più sottili possono essere utilizzate per creare linee più definite e dettagliate, mentre quelle più spesse sono ideali per riempire aree più ampie delle sopracciglia.

Prima di selezionare le micro-lame, consulta il cliente e discuti con lui le opzioni disponibili. Mostra al cliente le diverse forme e dimensioni delle micro-lame e spiega loro come influenzeranno l'aspetto finale delle sopracciglia. Chiedi al cliente se preferisce un aspetto più naturale o più definito e adatta la scelta delle micro-lame di conseguenza.

Durante la selezione delle micro-lame, considera anche il tipo di tecnica di microblading che intendi utilizzare. Ad esempio, se stai pianificando di utilizzare la tecnica del pelo per pelo, potresti optare per micro-lame più sottili e affilate per creare tratti più precisi e realistici. D'altra parte, se stai lavorando su una tecnica di ombreggiatura, potresti preferire micro-lame più larghe e piatte per riempire le sopracciglia in modo uniforme e creare un effetto sfumato.

Infine, verifica sempre la qualità e l'affilatura delle micro-lame prima di utilizzarle. Assicurati che siano sterili e che rispettino gli standard di sicurezza e igiene per evitare rischi di infezioni o reazioni cutanee indesiderate.

4. Tecnica di incisione e inserimento del pigmento

La tecnica di incisione e inserimento del pigmento è il cuore del processo di microblading, poiché determina la definizione e la forma delle sopracciglia. Prima di iniziare, assicurati di avere un controllo stabile e una mano ferma, poiché anche il più piccolo movimento può influenzare il risultato finale in modo significativo.

Per prima cosa, prepara l'area di lavoro, assicurandoti che sia pulita e ben illuminata. Disinfetta gli strumenti e indossa guanti monouso per garantire un ambiente sterile. Posiziona il cliente in una posizione comoda e assicurati che le sopracciglia siano completamente asciutte e prive di residui di trucco o olio.

Quando sei pronto per iniziare, seleziona la micro-lama più adatta per il tipo di linea o tratto che desideri creare. Impugna saldamente lo strumento e inclinalo leggermente verso il basso, mantenendo un angolo costante rispetto alla pelle. Inizia dall'area desiderata delle sopracciglia e traccia delicatamente la forma desiderata con tratti precisi e controllati.

Una volta disegnata la forma, procedi con l'incisione della pelle con la micro-lama. Applica una leggera pressione mentre trascini delicatamente la lama lungo il percorso prestabilito, facendo attenzione a non penetrare troppo in profondità nella pelle. Mantieni un movimento costante e fluido per evitare linee irregolari o incisioni troppo profonde.

Dopo aver inciso la pelle, è il momento di inserire il pigmento. Utilizza un pennello sottile o un applicatore per depositare il pigmento nei tagli appena creati, riempiendo uniformemente le linee con piccoli movimenti circolari. Assicurati di distribuire il pigmento in modo uniforme per evitare macchie o aree irregolari.

Continua il processo di incisione e inserimento del pigmento lungo la forma delle sopracciglia, lavorando con pazienza e precisione per ottenere un risultato uniforme e naturale. Verifica periodicamente il lavoro per assicurarti di mantenere la simmetria e l'equilibrio tra le sopracciglia.

5. Controllo della profondità delle incisioni

Il controllo della profondità delle incisioni è fondamentale per garantire un risultato sicuro e di alta qualità nel microblading. Una profondità inadeguata può portare a un pigmento poco visibile, mentre una profondità eccessiva può causare cicatrici permanenti e risultati indesiderati. Ecco alcuni suggerimenti pratici per gestire questo aspetto cruciale del processo.

Innanzitutto, comprendi che la profondità delle incisioni dipende da diversi fattori, tra cui il tipo di pelle del cliente, lo spessore delle sopracciglia naturali e la tecnica di microblading utilizzata. Ad esempio, la pelle più spessa può richiedere incisioni leggermente più profonde rispetto alla pelle più sottile per garantire una pigmentazione uniforme e duratura.

Durante il processo, utilizza una luce adeguata e uno specchio ingranditore per valutare costantemente la profondità delle incisioni. Ispeziona attentamente ogni tratto per assicurarti che il pigmento venga depositato nella giusta parte dello strato della pelle, notando eventuali variazioni di colore o consistenza che potrebbero indicare una profondità errata.

Regola la pressione e l'angolazione della micro-lama in base
alla sensazione tattile e alla risposta della pelle del cliente. Una
leggera pressione è sufficiente per incrinare la pelle senza
penetrare troppo in profondità. Mantieni un movimento
costante e fluido, evitando bruschi cambiamenti di direzione
che potrebbero compromettere il controllo della profondità.

Incorpora anche la tecnica del "blading in superficie", che
prevede di tenere la micro-lama più vicina possibile alla
superficie della pelle senza penetrare troppo in profondità.
Questa tecnica consente un maggiore controllo della profondità
delle incisioni e riduce il rischio di lesioni cutanee e cicatrici.

Infine, pratica costantemente e sperimenta con diverse tecniche
e strumenti per affinare il tuo controllo della profondità delle
incisioni nel microblading. Osserva attentamente le reazioni
della pelle del cliente e chiedi il suo feedback per migliorare
continuamente le tue abilità e ottenere risultati ottimali.

6. Realizzazione di linee realistiche e naturali

La realizzazione di linee realistiche e naturali è uno degli
aspetti cruciali del microblading, poiché contribuisce a creare
sopracciglia dall'aspetto autentico e armonioso. Per raggiungere
questo obiettivo, è essenziale seguire una serie di pratiche e
tecniche mirate che consentano di ottenere tratti precisi e ben
definiti.

Prima di iniziare il tracciamento, analizza attentamente la
direzione naturale dei peli delle sopracciglia del cliente e prendi
nota dei modelli di crescita. Questa osservazione ti aiuterà a
imitare la disposizione naturale dei peli durante il tracciamento,
garantendo un aspetto realistico e uniforme.

Durante il microblading, utilizza una pressione leggera e costante per creare linee sottili e definite che imitano la naturale crescita dei peli. Evita tratti troppo marcati o irregolari, poiché possono risultare poco naturali e difficili da mimetizzare con i peli esistenti.

Scegli con cura la micro-lama più adatta per il tipo di linee che desideri realizzare. Le micro-lame con diverse disposizioni di aghi consentono di creare linee più sottili o più spesse, ideali per ricreare la varietà di peli naturali presenti nelle sopracciglia.

Mantieni un movimento fluido e preciso durante il tracciamento, seguendo attentamente la forma e la direzione delle sopracciglia. Evita movimenti bruschi o incerti che potrebbero compromettere la simmetria e l'aspetto naturale delle linee.

Durante il processo, fai frequenti pause per valutare il risultato e apportare eventuali correzioni. Utilizza uno specchio ingranditore per esaminare da vicino il lavoro svolto e apportare eventuali aggiustamenti necessari per migliorare la precisione e l'estetica delle linee.

Infine, ricorda che la pratica costante è fondamentale per affinare le tue abilità nel creare linee realistiche e naturali. Sperimenta con diverse tecniche e stili di tracciamento per trovare quello che meglio si adatta alle esigenze e alle preferenze del cliente.

7. Gestione della simmetria e dell'arco delle sopracciglia

La gestione della simmetria e dell'arco delle sopracciglia è un aspetto cruciale del processo di microblading, poiché contribuisce in modo significativo all'aspetto finale e all'equilibrio del viso del cliente. Per ottenere risultati ottimali, è fondamentale seguire una serie di passaggi mirati e adottare tecniche specifiche volte a garantire un aspetto simmetrico e armonioso delle sopracciglia.

Innanzitutto, prima di iniziare il tracciamento, è essenziale valutare attentamente la struttura del viso del cliente e individuare eventuali asimmetrie o disallineamenti nelle sopracciglia esistenti. Utilizza strumenti di misurazione precisi, come regoli o strumenti appositi, per identificare i punti chiave delle sopracciglia, come l'inizio, l'arco e la coda, e assicurarti che siano allineati in modo corretto e armonioso.

Durante il tracciamento, presta particolare attenzione alla forma e all'inclinazione delle linee, assicurandoti di seguire la struttura naturale delle sopracciglia e di rispettare i contorni del viso del cliente. Utilizza linee guida chiare e precisi per mantenere la simmetria tra le due sopracciglia e per garantire un aspetto uniforme e bilanciato.

Incorpora tecniche di misurazione visiva durante il processo di tracciamento, utilizzando strumenti come regoli trasparenti o correttori di angolo, per valutare l'arco e la pendenza delle sopracciglia e per apportare eventuali correzioni necessarie. Assicurati di prendere in considerazione anche le preferenze del cliente e di adattare la forma e l'arco delle sopracciglia in base ai suoi desideri e alla sua struttura facciale unica.

Durante il lavoro, fai frequenti pause per valutare il progresso e per esaminare attentamente l'aspetto delle sopracciglia da diverse angolazioni. Utilizza uno specchio ingranditore per esaminare da vicino i dettagli e apportare eventuali aggiustamenti per migliorare la simmetria e l'estetica complessiva delle sopracciglia.

Infine, ricorda che la pratica costante e l'attenzione ai dettagli sono fondamentali per migliorare le tue abilità nella gestione della simmetria e dell'arco delle sopracciglia. Sperimenta con diverse tecniche e stili di tracciamento per sviluppare una mano ferma e sicura e per garantire risultati sempre più precisi e soddisfacenti per il cliente.

8. Applicazione post-trattamento e consigli per la cura delle sopracciglia

Dopo aver completato il trattamento di microblading, è fondamentale fornire al cliente le istruzioni e i consigli necessari per garantire una corretta guarigione e una cura adeguata delle sopracciglia. L'applicazione post-trattamento e i suggerimenti per la cura delle sopracciglia sono cruciali per garantire risultati ottimali e duraturi nel tempo.

Prima di tutto, spiega al cliente i passaggi essenziali per la cura delle sopracciglia nelle prime fasi post-trattamento. Questo include l'applicazione di un sottile strato di pomata o crema lenitiva fornita dal professionista dopo il trattamento stesso. Questo aiuterà a ridurre l'infiammazione e a mantenere la zona idratata durante il processo di guarigione.

Inoltre, consiglia al cliente di evitare l'esposizione diretta al sole e di limitare l'assunzione di sostanze che potrebbero influenzare la guarigione, come alcol, caffeina e farmaci antinfiammatori non steroidei, a meno che non siano stati prescritti dal medico.

Durante la fase di guarigione, è importante mantenere la zona delle sopracciglia pulita e asciutta. Suggerisci al cliente di evitare l'uso di trucco o cosmetici nelle prime settimane dopo il trattamento e di non toccare o grattare la zona trattata per evitare infezioni o danni al pigmento appena inserito.

Fornisci al cliente istruzioni dettagliate su come lavare delicatamente le sopracciglia con acqua e sapone neutro, evitando di strofinare la zona e di utilizzare prodotti aggressivi che potrebbero danneggiare il pigmento.

Durante il periodo di guarigione, è normale che le sopracciglia appena trattate possano subire un leggero sbiadimento del colore e un'eventuale formazione di crosticine. Assicura al cliente che queste sono fasi normali del processo di guarigione e che il colore delle sopracciglia si stabilizzerà gradualmente nelle settimane successive al trattamento.

Infine, fornisci al cliente indicazioni su quando programmare un appuntamento di controllo per valutare il risultato finale del trattamento e apportare eventuali ritocchi o aggiustamenti necessari. Ricorda al cliente di seguire attentamente tutte le istruzioni post-trattamento per garantire risultati ottimali e duraturi nel tempo.

XII. Applicazione della tecnica di shading per sopracciglia più piene

1. Introduzione alla tecnica di shading per sopracciglia più piene

L'introduzione alla tecnica di shading per sopracciglia più piene rappresenta un passo significativo nell'evoluzione delle pratiche di miglioramento delle sopracciglia.

Questa tecnica, sempre più popolare nel settore della bellezza, offre un approccio versatile per ottenere sopracciglia dall'aspetto più pieno, definito e naturale. Rispetto al microblading, che si concentra principalmente sulla creazione di linee sottili simili a peli per definire la forma delle sopracciglia, il shading aggiunge profondità e volume, riempiendo gli spazi vuoti tra i peli esistenti e creando un effetto più morbido e sfumato.

Con il shading, è possibile ottenere una gamma di look, dai più sottili e naturali ai più audaci e definiti, in base alle preferenze individuali del cliente e al suo stile di vita.

Questo capitolo esplorerà in dettaglio le tecniche, gli strumenti e i passaggi necessari per applicare con successo la tecnica di shading, fornendo una guida completa per i professionisti del settore della bellezza. Attraverso istruzioni dettagliate, consigli pratici e illustrazioni chiare, i lettori impareranno come utilizzare al meglio questa tecnica per creare sopracciglia più piene e belle, soddisfacendo le esigenze e le aspettative dei propri clienti.

L'obiettivo principale è quello di fornire una panoramica esaustiva che permetta ai professionisti di acquisire familiarità con la tecnica, migliorare le proprie competenze e offrire risultati eccellenti ai loro clienti. Essenziale è anche comprendere l'importanza della consulenza personalizzata, in cui si valutano le caratteristiche individuali del cliente, il suo stile di vita e le sue preferenze estetiche per determinare il miglior approccio alla tecnica di shading.

Inoltre, vengono affrontate anche le considerazioni sulla selezione del colore e la gestione del dolore durante il trattamento, per garantire un'esperienza confortevole e soddisfacente per il cliente.

Con una solida comprensione di questa tecnica e le competenze necessarie per eseguirla con precisione e cura, i professionisti del settore saranno in grado di ampliare il loro repertorio e offrire servizi di alta qualità che rispondono alle esigenze in continua evoluzione del mercato della bellezza.

2. Selezione degli strumenti e dei pigmenti per il shading delle sopracciglia

La scelta degli strumenti e dei pigmenti rappresenta un passo cruciale nella preparazione per l'applicazione della tecnica di shading sulle sopracciglia.

Innanzi tutto, è essenziale selezionare con cura gli strumenti appropriati. Tra gli strumenti di base, si includono pennelli a setole sottili e flessibili, ideali per applicare il pigmento in modo preciso e controllato. È consigliabile optare per pennelli di alta qualità, in grado di garantire una distribuzione uniforme del colore e una maggiore precisione durante l'applicazione.

Oltre ai pennelli, è necessario considerare l'uso di micro-lame o micro-ago per eseguire il shading. Questi strumenti consentono di creare tratti sottili e delicati, mimando l'aspetto naturale dei peli delle sopracciglia e garantendo un risultato morbido e sfumato. È fondamentale scegliere micro-lame di alta qualità, sterilizzate e monouso, per garantire la sicurezza e l'igiene durante il trattamento.

Per quanto riguarda i pigmenti, la selezione del colore è cruciale per ottenere risultati naturali e armoniosi. È consigliabile optare per pigmenti appositamente formulati per il shading delle sopracciglia, che presentano una consistenza cremosa e una gamma di colori adatta a diverse tonalità di pelle e capelli. Prima di applicare il pigmento, è importante effettuare un test patch per valutare la compatibilità del colore con la carnagione del cliente e garantire una corrispondenza perfetta.

Inoltre, è importante considerare la qualità e la sicurezza dei pigmenti utilizzati. Si consiglia di scegliere pigmenti conformi alle normative di sicurezza e approvati dalle autorità competenti, in modo da ridurre al minimo il rischio di reazioni allergiche o irritazioni cutanee. Prima di ogni trattamento, è importante verificare la data di scadenza del pigmento e conservarlo correttamente per garantire la sua efficacia e sicurezza.

In sintesi, la selezione degli strumenti e dei pigmenti per il shading delle sopracciglia richiede attenzione e cura. Scegliere strumenti di alta qualità e pigmenti sicuri e affidabili è fondamentale per garantire risultati eccellenti e soddisfacenti per il cliente. Prestare attenzione a ogni dettaglio durante la selezione degli strumenti e dei pigmenti è essenziale per un'applicazione del shading delle sopracciglia di successo.

3. Tecniche di sfumatura e ombreggiatura per ottenere sopracciglia più piene

Le tecniche di sfumatura e ombreggiatura sono fondamentali per creare sopracciglia più piene e definite utilizzando la tecnica di shading. Queste tecniche consentono di aggiungere profondità, dimensione e definizione alle sopracciglia, creando un effetto naturale e realistico.

Per iniziare, è importante comprendere i principi fondamentali della sfumatura e ombreggiatura. La sfumatura coinvolge l'applicazione graduale del pigmento lungo le sopracciglia, partendo da una linea più leggera alla base e intensificandosi verso l'arco e la coda. Questo processo crea un effetto sfumato e graduale che imita il naturale gradiente di colore dei peli delle sopracciglia.

L'ombreggiatura, d'altra parte, implica l'applicazione di pigmento in modo più concentrato e intenso in alcune aree specifiche delle sopracciglia per aggiungere profondità e definizione. Questa tecnica viene solitamente utilizzata per delineare l'arco delle sopracciglia e accentuare i punti di luce e ombra, creando un effetto tridimensionale e un aspetto più definito.

Durante l'applicazione della sfumatura e ombreggiatura, è importante lavorare con movimenti leggeri e sfumati per evitare linee dure o irregolarità nel colore. Utilizzare pennelli o micro-lame di dimensioni appropriate per garantire un'applicazione precisa e controllata del pigmento. Inoltre, è consigliabile variare la pressione e l'angolazione dello strumento per creare una varietà di tratti e sfumature, aggiungendo interesse e profondità al risultato finale.

Un altro aspetto importante delle tecniche di sfumatura e ombreggiatura è la selezione del colore del pigmento. È essenziale scegliere un colore che corrisponda alla tonalità naturale dei capelli e della pelle del cliente, assicurandosi che il risultato finale sia armonioso e complementare al suo aspetto complessivo. Effettuare test patch e valutare la compatibilità del colore con la carnagione del cliente prima dell'applicazione è fondamentale per ottenere risultati ottimali.

In sintesi, le tecniche di sfumatura e ombreggiatura sono strumenti potenti per creare sopracciglia più piene e definite utilizzando la tecnica di shading. Comprendere i principi di base e praticare regolarmente queste tecniche è fondamentale per migliorare le proprie abilità e ottenere risultati eccezionali per i clienti. Prestare attenzione ai dettagli, dalla selezione del colore alla tecnica di applicazione, è essenziale per garantire un aspetto naturale e soddisfacente delle sopracciglia.

4. Procedura passo-passo per l'applicazione del shading sulle sopracciglia

Ecco una procedura passo-passo dettagliata per l'applicazione del shading sulle sopracciglia:

1. **Preparazione dell'area di lavoro:** Inizia assicurandoti che l'area di lavoro sia pulita, disinfettata e ben illuminata. Organizza tutti gli strumenti e i materiali necessari, inclusi pigmenti, pennelli, disinfettanti e forniture monouso.

2. **Consultazione con il cliente:** Prima di iniziare, consulta il cliente per comprendere le sue preferenze estetiche e le aspettative riguardo alle sopracciglia. Valuta anche il tipo di pelle, il tono della carnagione e la forma del viso per determinare il colore e lo stile più adatti.

3. **Disegno preliminare delle sopracciglia:** Utilizza una matita per disegnare una guida preliminare delle sopracciglia, tenendo conto della forma desiderata e dell'arco naturale. Questo disegno servirà da riferimento durante l'applicazione del shading.

4. **Preparazione degli strumenti e dei pigmenti:** Seleziona le micro-lame o i pennelli appropriati in base alla tecnica di shading preferita e ai dettagli desiderati. Mescola i pigmenti per ottenere la tonalità desiderata e assicurati di avere a disposizione una varietà di sfumature per aggiungere profondità e dimensione.

5. **Applicazione del pigmento:** Inizia applicando il pigmento lungo il contorno delle sopracciglia utilizzando movimenti leggeri e sfumati. Concentrati sulle aree dove è necessaria maggiore definizione e pienezza, come l'arco e la coda delle sopracciglia. Gradualmente sfuma il pigmento verso la base delle sopracciglia, creando un effetto di transizione morbido e naturale.

6. **Costruzione del colore e della forma:** Continua ad aggiungere strati di pigmento, alternando tra tonalità più chiare e più scure per creare un effetto tridimensionale e un aspetto più realistico. Presta attenzione alla simmetria e all'equilibrio delle sopracciglia, regolando la quantità e la distribuzione del pigmento secondo necessità.

7. **Controllo della profondità delle incisioni:** Regola la pressione e l'angolazione dello strumento per controllare la profondità delle incisioni e garantire un'applicazione uniforme del pigmento. Evita di penetrare troppo profondamente nella pelle per prevenire sanguinamento eccessivo e migliorare la guarigione.

8. **Finitura e rifinitura:** Una volta completata l'applicazione del shading, controlla attentamente il risultato finale e apporta eventuali correzioni o ritocchi necessari. Utilizza un batuffolo di cotone sterile per pulire eventuali eccessi di pigmento e valuta la simmetria e l'aspetto complessivo delle sopracciglia.

9. **Istruzioni post-trattamento:** Fornisci al cliente istruzioni dettagliate per la cura post-trattamento, compresi i prodotti da utilizzare, i tempi di guarigione previsti e le precauzioni da seguire per mantenere le sopracciglia al meglio nel tempo.

10. **Programma di follow-up:** Programma un appuntamento di follow-up con il cliente per valutare il risultato finale, rispondere a eventuali domande e discutere eventuali ritocchi o aggiustamenti necessari.

Seguendo questa procedura passo-passo con attenzione e precisione, sarai in grado di applicare il shading sulle sopracciglia in modo efficace e professionale, garantendo risultati soddisfacenti per i tuoi clienti.

5. Gestione del colore e della forma durante l'applicazione del shading

Durante l'applicazione del shading sulle sopracciglia, la gestione del colore e della forma riveste un ruolo fondamentale per ottenere risultati ottimali e soddisfare le aspettative del cliente. Ecco alcuni aspetti da considerare per garantire un'applicazione efficace e armoniosa:

1. **Analisi del colore naturale delle sopracciglia:** Prima di iniziare il trattamento, valuta attentamente il colore naturale delle sopracciglia del cliente. Questo aiuterà a determinare la tonalità del pigmento da utilizzare e a garantire un risultato finale che si integri in modo armonioso con il resto del viso.

2. **Selezione dei pigmenti:** Scegli una gamma di pigmenti che si adattino al tono della pelle e dei capelli del cliente. Opta per pigmenti che presentano una buona stabilità nel tempo e una capacità di miscelazione per creare sfumature naturali e realistiche.

3. **Graduazione del colore:** Durante l'applicazione del shading, lavora con una varietà di tonalità per creare un effetto tridimensionale e una transizione graduale dal contorno delle sopracciglia alla base. Utilizza tonalità più scure per definire il contorno e aggiungi gradatamente tonalità più chiare verso la base per ottenere un aspetto più naturale.

4. **Creazione di sfumature realistiche:** Concentrati sulla creazione di sfumature realistiche e sottili che imitino l'aspetto naturale dei peli delle sopracciglia. Utilizza una tecnica di sfumatura leggera e sfumata per evitare linee dure o irregolari e per garantire un aspetto uniforme e naturale.

5. **Rispetto della forma delle sopracciglia:** Segui attentamente la forma naturale delle sopracciglia del cliente durante l'applicazione del shading. Rispetta l'arco naturale e la direzione della crescita dei peli per garantire un aspetto armonioso e lusinghiero.

6. **Controllo della simmetria:** Utilizza strumenti di misurazione e marcatori per garantire la simmetria durante l'applicazione del shading. Verifica regolarmente la forma e la lunghezza delle sopracciglia per correggere eventuali discrepanze e garantire un risultato finale equilibrato e armonioso.

7. **Adeguamento in base alle preferenze del cliente:**
Durante il trattamento, interagisci costantemente con il
cliente per valutare le sue preferenze estetiche e
apportare eventuali modifiche in tempo reale. Chiedi
feedback sul colore, sulla forma e sull'intensità del
shading per garantire la massima soddisfazione del
cliente.

8. **Rifinitura e ritocchi:** Una volta completata
l'applicazione del shading, effettua una rifinitura finale
per correggere eventuali imperfezioni o irregolarità.
Effettua eventuali ritocchi necessari per garantire un
risultato finale impeccabile e duraturo nel tempo.

Seguendo questi passaggi e prestano attenzione ai dettagli, sarai
in grado di gestire con successo il colore e la forma durante
l'applicazione del shading sulle sopracciglia, ottenendo risultati
soddisfacenti e di alta qualità.

6. Correzione e rifinitura delle sopracciglia dopo l'applicazione del shading

Dopo l'applicazione del shading sulle sopracciglia, è
fondamentale dedicare attenzione alla correzione e alla
rifinitura per garantire un risultato finale impeccabile. Ecco
alcuni passaggi da seguire per correggere eventuali
imperfezioni e perfezionare l'aspetto delle sopracciglia:

1. **Valutazione dell'asimmetria:** Prima di iniziare la
correzione, valuta attentamente l'asimmetria e le
eventuali discrepanze nelle sopracciglia. Utilizza
strumenti di misurazione e marcatori per identificare i
punti di correzione e stabilire una linea guida per il
lavoro.

2. **Ritocco delle aree poco pigmentate:** Se durante l'applicazione del shading alcune aree sono rimaste poco pigmentate o presentano irregolarità, utilizza una tecnica di riempimento mirata per correggere queste zone. Applica pigmento aggiuntivo con una leggera pressione per ottenere una distribuzione uniforme e una tonalità omogenea.

3. **Definizione del contorno:** Utilizza una matita o un eyeliner per definire il contorno delle sopracciglia in modo preciso e definito. Traccia una linea sottile lungo il bordo esterno delle sopracciglia per migliorarne la definizione e per correggere eventuali irregolarità nel contorno.

4. **Sfumatura per una transizione naturale:** Dopo aver definito il contorno, utilizza una spazzolina o un pennello a setole morbide per sfumare leggermente il pigmento lungo il bordo delle sopracciglia. Questo aiuterà a creare una transizione graduale tra il pigmento e la pelle circostante, ottenendo un aspetto più naturale e armonioso.

5. **Correzione di eventuali linee dure:** Se durante l'applicazione del shading sono state create linee dure o irregolari, utilizza un pennello morbido per sfumare delicatamente il pigmento e attenuare le linee più marcate. Lavora con leggerezza e precisione per ottenere un effetto sfumato e naturale.

6. **Verifica della simmetria:** Una volta completata la correzione, verifica attentamente la simmetria delle sopracciglia utilizzando strumenti di misurazione e marcatori. Assicurati che entrambe le sopracciglia siano equilibrate e armoniose, apportando eventuali correzioni necessarie per correggere eventuali discrepanze.

7. **Consultazione con il cliente:** Durante il processo di correzione e rifinitura, coinvolgi costantemente il cliente per valutare il suo grado di soddisfazione e per apportare eventuali modifiche in base alle sue preferenze estetiche. Chiedi feedback sul colore, sulla forma e sull'intensità del shading per garantire una completa soddisfazione del cliente.

8. **Applicazione di fissativo e consigli per la cura:** Una volta completata la correzione e la rifinitura, applica un fissativo trasparente per prolungare la durata del pigmento e proteggere le sopracciglia dall'usura quotidiana. Fornisci al cliente consigli per la cura post-trattamento, come evitare l'esposizione diretta al sole e l'utilizzo di prodotti aggressivi per la pulizia, per garantire una guarigione ottimale e duratura.

Seguendo questi passaggi con cura e precisione, sarai in grado di correggere e rifinire le sopracciglia dopo l'applicazione del shading, ottenendo un risultato finale impeccabile e soddisfacente per il cliente.

7. Consigli per la cura post-trattamento delle sopracciglia shadate

Dopo aver sottoposto le sopracciglia alla tecnica di shading, è essenziale fornire al cliente una serie di consigli per la cura post-trattamento al fine di garantire una guarigione ottimale e prolungare la durata del risultato. Ecco alcuni suggerimenti pratici da seguire:

1. **Evitare l'esposizione diretta al sole:** Durante i primi giorni dopo il trattamento, raccomanda al cliente di evitare l'esposizione diretta al sole e l'uso di lampade abbronzanti. La luce solare diretta può causare sbiadimento prematuro del pigmento e compromettere il risultato finale.

2. **Evitare il contatto con l'acqua:** Per i primi giorni dopo il trattamento, consiglia di evitare il contatto diretto delle sopracciglia con acqua e umidità. Questo significa evitare di lavare il viso direttamente sopra le sopracciglia e di fare bagni in piscina o in mare. L'acqua e l'umidità possono compromettere la stabilità del pigmento e rallentare il processo di guarigione.

3. **Evitare l'uso di prodotti per la cura della pelle:** Durante il periodo di guarigione, suggerisci al cliente di evitare l'uso di prodotti per la cura della pelle contenenti ingredienti aggressivi, come acidi esfolianti o agenti schiarenti. Questi prodotti possono irritare la pelle e compromettere la stabilità del pigmento.

4. **Evitare il trucco sulla zona trattata:** Durante i primi giorni dopo il trattamento, consiglia di evitare l'applicazione di trucco sulla zona trattata. Il trucco può ostruire i pori e interferire con il processo di guarigione, compromettendo il risultato finale.

5. **Evitare lo sfregamento o il graffio delle sopracciglia:** Durante il periodo di guarigione, raccomanda al cliente di evitare lo sfregamento o il graffio delle sopracciglia. Questo può causare irritazione e rimuovere il pigmento appena inserito, compromettendo il risultato finale.

6. **Applicare creme lenitive e idratanti:** Consiglia l'applicazione di creme lenitive e idratanti sulla zona trattata per alleviare eventuali fastidi e favorire il processo di guarigione. Assicurati che le creme utilizzate siano delicate e non contengano ingredienti irritanti.

7. **Seguire le istruzioni fornite dal professionista:** Infine, ricorda al cliente di seguire attentamente tutte le istruzioni fornite dal professionista durante la sessione di trattamento. Queste istruzioni sono progettate per massimizzare i risultati e garantire una guarigione ottimale.

Seguendo attentamente questi consigli per la cura post-trattamento, il cliente sarà in grado di mantenere le sopracciglia shadate in condizioni ottimali e godere di un risultato duraturo e soddisfacente.

8. Risultati attesi e possibili rischi associati all'applicazione della tecnica di shading

Quando si sottopone una cliente alla tecnica di shading per ottenere sopracciglia più piene, è importante comprendere i risultati attesi e i potenziali rischi associati al trattamento.

I risultati attesi includono un aspetto naturale e definito delle sopracciglia, con una maggiore densità e pienezza. La tecnica di shading permette di riempire eventuali vuoti e di correggere asimmetrie, garantendo un risultato uniforme e armonioso. Inoltre, le sopracciglia shadate possono contribuire a migliorare l'espressione del viso e a valorizzare i lineamenti, conferendo un aspetto più giovane e fresco.

Tuttavia, è importante essere consapevoli dei possibili rischi associati al trattamento. Tra questi vi è il rischio di reazioni allergiche al pigmento utilizzato, che possono manifestarsi con sintomi quali arrossamento, prurito o gonfiore della zona trattata. È fondamentale eseguire un test di sensibilità cutanea prima del trattamento per escludere eventuali allergie.

Un altro rischio è rappresentato dalla possibilità di infezioni, soprattutto se le norme igieniche non vengono rispettate durante il trattamento. È importante utilizzare strumenti sterilizzati e seguire scrupolosamente le procedure igieniche consigliate per prevenire qualsiasi rischio di infezione.

Inoltre, è possibile che si verifichino complicazioni durante il processo di guarigione, come la formazione di croste o la perdita parziale del pigmento. Queste complicazioni sono generalmente temporanee e possono essere gestite con cure adeguate durante il periodo post-trattamento.

Infine, è importante comprendere che il risultato finale del trattamento dipende anche dalle caratteristiche individuali della cliente, come il tipo di pelle e il suo processo di guarigione. Alcune clienti potrebbero ottenere risultati migliori di altre e potrebbero richiedere sessioni di ritocco aggiuntive per raggiungere il risultato desiderato.

In conclusione, la tecnica di shading offre numerosi vantaggi per ottenere sopracciglia più piene e definite, ma è importante essere consapevoli dei potenziali rischi associati al trattamento e adottare le precauzioni necessarie per minimizzarli e garantire risultati sicuri e soddisfacenti.

XIII. Correzioni e ritocchi nel microblading e nella dermopigmentazione

1. Procedure di ritocco nel microblading e nella dermopigmentazione

Il ritocco nel microblading e nella dermopigmentazione rappresenta una fase cruciale per garantire risultati soddisfacenti e duraturi. Questa procedura viene eseguita per correggere eventuali imperfezioni o per aggiornare il colore e la forma delle sopracciglia nel tempo. Durante il ritocco, vengono apportate piccole modifiche che permettono di mantenere l'aspetto naturale delle sopracciglia e di adeguarle alle preferenze del cliente.

Una delle prime considerazioni da tenere presente durante il ritocco è valutare attentamente il lavoro precedente e individuare le aree che necessitano di correzione o miglioramento. Questa fase richiede un'attenta osservazione delle sopracciglia esistenti, analizzando la forma, il colore e la densità dei peli. Inoltre, è essenziale considerare eventuali cambiamenti nell'aspetto del cliente, come variazioni nel colore della pelle o nelle preferenze estetiche, al fine di adattare il trattamento di conseguenza.

Una volta identificate le aree da ritoccare, è importante
pianificare attentamente la strategia da adottare. Questo può
includere la scelta di nuove tonalità di pigmento per migliorare
il colore delle sopracciglia o la modifica della forma per
ottenere un aspetto più armonioso e naturale. Durante questa
fase, la comunicazione con il cliente è fondamentale per
comprendere appieno le sue esigenze e garantire la piena
soddisfazione dei risultati finali.

Durante il ritocco, il tecnico deve mostrare grande abilità e
precisione nel manipolare gli strumenti e applicare il pigmento.
Questo richiede una mano ferma e una buona comprensione
delle tecniche di microblading e dermopigmentazione. Inoltre,
è importante considerare la profondità e l'angolazione delle
incisioni o delle applicazioni di pigmento per ottenere risultati
uniformi e naturali.

Una volta completato il ritocco, è essenziale fornire al cliente le
istruzioni appropriate per la cura post-trattamento. Questo può
includere indicazioni su come lavare e idratare le sopracciglia,
nonché consigli su cosa evitare per garantire una guarigione
ottimale. Inoltre, è consigliabile pianificare un follow-up per
valutare i risultati e apportare eventuali ulteriori correzioni, se
necessario.

In conclusione, le procedure di ritocco nel microblading e nella
dermopigmentazione richiedono una pianificazione attenta,
abilità tecniche e comunicative, e una cura post-trattamento
adeguata. Quando eseguite correttamente, queste sessioni di
ritocco consentono di mantenere sopracciglia dall'aspetto fresco
e naturale nel tempo, soddisfacendo le esigenze estetiche dei
clienti.

2. Identificazione delle aree da correggere

L'identificazione accurata delle aree da correggere è un passaggio fondamentale nel processo di ritocco nel microblading e nella dermopigmentazione. Questa fase richiede una valutazione attenta e dettagliata delle sopracciglia esistenti, nonché una comprensione approfondita delle preferenze estetiche del cliente.

Per identificare le aree da correggere, il tecnico deve esaminare attentamente la forma, il colore e la densità dei peli delle sopracciglia. Questo può includere la ricerca di eventuali discrepanze nella simmetria, la presenza di linee irregolari o interruzioni nel tratto dei peli, nonché la valutazione della distribuzione del pigmento sulla pelle. È importante prendere nota di qualsiasi area che richieda correzione o aggiornamento, tenendo conto delle preferenze individuali del cliente e degli obiettivi estetici desiderati.

Durante questa fase, la comunicazione con il cliente è essenziale. Il tecnico dovrebbe discutere apertamente con il cliente riguardo alle sue preoccupazioni e alle aspettative riguardo al ritocco. Ciò può includere la revisione delle foto di prima e dopo il trattamento precedente, nonché la discussione di eventuali cambiamenti desiderati nell'aspetto delle sopracciglia.

Una volta identificate le aree da correggere, è importante pianificare attentamente il trattamento e stabilire un piano d'azione. Questo può includere la scelta di tecniche specifiche di correzione, la selezione di pigmenti appropriati e la definizione di obiettivi chiari per il risultato finale. Durante la pianificazione, il tecnico dovrebbe tenere conto dei limiti della pelle e delle caratteristiche individuali del cliente, assicurandosi di adottare un approccio personalizzato per ottenere i migliori risultati possibili.

In conclusione, l'identificazione accurata delle aree da correggere rappresenta un passaggio cruciale nel processo di ritocco nel microblading e nella dermopigmentazione. Questa fase richiede una valutazione attenta delle sopracciglia esistenti e una comunicazione efficace con il cliente per garantire risultati soddisfacenti e conformi alle sue preferenze estetiche.

3. Tecniche di correzione del colore

Le tecniche di correzione del colore rappresentano un aspetto fondamentale del processo di ritocco nel microblading e nella dermopigmentazione. Queste tecniche sono progettate per correggere eventuali discrepanze nel colore delle sopracciglia esistenti o nell'applicazione precedente del pigmento, al fine di ottenere un aspetto uniforme e armonioso.

Una delle tecniche più comuni di correzione del colore è l'aggiustamento del tono del pigmento. Questo può essere necessario se il colore delle sopracciglia risulta essere troppo chiaro, troppo scuro o se presenta tonalità indesiderate. Per correggere il tono, il tecnico può mescolare diversi pigmenti per creare una tonalità personalizzata che si adatti meglio alla carnagione e alle preferenze del cliente. È importante considerare il sottotono della pelle e la tonalità naturale dei capelli per ottenere risultati naturali e armoniosi.

Un'altra tecnica di correzione del colore è la neutralizzazione dei toni indesiderati. Questo può essere necessario se il pigmento precedente ha assunto tonalità rossastre, grigiastre o verdi nel tempo. Per neutralizzare questi toni, il tecnico può utilizzare pigmenti complementari per correggere la tonalità indesiderata e ripristinare un colore naturale e uniforme.

In alcuni casi, potrebbe essere necessario rimuovere completamente il pigmento esistente prima di applicare un nuovo colore. Questo può essere fatto attraverso tecniche di rimozione del pigmento come il laser o il salasso. Una volta rimosso il pigmento indesiderato, il tecnico può quindi applicare un nuovo colore utilizzando le tecniche di microblading o dermopigmentazione.

È importante eseguire queste tecniche con estrema precisione e attenzione per evitare risultati non desiderati. Il tecnico dovrebbe valutare attentamente il colore delle sopracciglia esistenti, la pelle circostante e le preferenze del cliente prima di procedere con qualsiasi correzione del colore. La pratica e l'esperienza sono fondamentali per ottenere risultati ottimali e soddisfacenti per il cliente.

4. Metodi per aggiustare la forma delle sopracciglia

Ci sono diversi metodi disponibili per aggiustare la forma delle sopracciglia durante il processo di correzione e ritocco nel microblading e nella dermopigmentazione. Ogni metodo ha le sue caratteristiche e può essere utilizzato in base alle esigenze specifiche del cliente e al risultato desiderato.

Uno dei metodi più comuni per aggiustare la forma delle sopracciglia è l'uso di tecniche di modellazione a mano libera. Questo metodo consente al tecnico di disegnare manualmente la forma desiderata delle sopracciglia utilizzando un micro-pennello o uno strumento simile. Questa tecnica offre massima flessibilità e precisione, consentendo al tecnico di creare forme personalizzate che si adattano alle caratteristiche facciali uniche del cliente.

Un altro metodo popolare è l'uso di stencil o modelli precisi per definire la forma delle sopracciglia. Gli stencil sono disponibili in una varietà di forme e dimensioni e possono essere utilizzati per ottenere forme simmetriche e precise. Il tecnico può posizionare lo stencil sulle sopracciglia del cliente e quindi applicare il pigmento seguendo il contorno dello stencil per creare una forma uniforme e ben definita.

In alcuni casi, potrebbe essere necessario utilizzare la tecnica della cera per rimuovere i peli indesiderati e aggiustare la forma delle sopracciglia. Questo metodo è particolarmente utile per correggere sopracciglia irregolari o eccessivamente sparse, consentendo al tecnico di creare una forma più definita e uniforme.

È anche possibile utilizzare tecniche di microblading o dermopigmentazione per aggiustare la forma delle sopracciglia durante il processo di ritocco. Queste tecniche consentono al tecnico di aggiungere peli o pigmento nelle aree desiderate per creare una forma più piena e ben definita. Questo metodo è particolarmente utile per correggere eventuali irregolarità o asimmetrie nelle sopracciglia esistenti.

Indipendentemente dal metodo utilizzato, è importante eseguire l'aggiustamento della forma con precisione e attenzione per ottenere risultati ottimali e soddisfacenti per il cliente. Il tecnico dovrebbe prendersi il tempo necessario per valutare attentamente la forma delle sopracciglia esistenti e le preferenze del cliente prima di procedere con qualsiasi correzione.

5. Gestione delle cicatrici e delle asimmetrie

La gestione delle cicatrici e delle asimmetrie durante il processo di correzione e ritocco nel microblading e nella dermopigmentazione richiede un approccio attento e mirato per garantire risultati soddisfacenti e naturali.

Quando si tratta di cicatrici sulle sopracciglia, è essenziale valutare attentamente la loro dimensione, forma e posizione prima di procedere con qualsiasi correzione. Le cicatrici possono influenzare notevolmente l'aspetto delle sopracciglia e richiedere un approccio personalizzato per ottenere risultati ottimali.

Una delle tecniche utilizzate per gestire le cicatrici sulle sopracciglia è l'applicazione di pigmento nelle aree cicatriziali per mimetizzarle e renderle meno evidenti. Questo può essere fatto utilizzando tecniche di microblading o dermopigmentazione per aggiungere peli o pigmento nelle aree interessate e creare una transizione graduale tra le aree cicatriziali e il resto delle sopracciglia.

In alcuni casi, potrebbe essere necessario utilizzare tecniche di camuffamento per nascondere completamente le cicatrici sulle sopracciglia. Questo può essere fatto utilizzando pigmenti speciali e tecniche di miscelazione per creare un effetto uniforme e ben integrato con il colore naturale delle sopracciglia circostanti.

Quando si affrontano asimmetrie nelle sopracciglia, è importante valutare attentamente le differenze di forma e dimensione tra le due sopracciglia e sviluppare un piano di correzione personalizzato per raggiungere una simmetria armoniosa e naturale.

Una delle tecniche utilizzate per correggere le asimmetrie è l'uso di tecniche di misurazione e marcatura per identificare le discrepanze tra le sopracciglia e determinare la migliore strategia di correzione. Questo può includere l'aggiunta di peli o pigmento nelle aree sottodimensionate o la rimozione di peli o pigmento nelle aree sovradimensionate per ottenere una forma più bilanciata e armoniosa.

Indipendentemente dalla tecnica utilizzata, è importante prendersi il tempo necessario per valutare attentamente le cicatrici e le asimmetrie delle sopracciglia e sviluppare un piano di trattamento personalizzato per ogni cliente. Un approccio attento e mirato può aiutare a garantire risultati soddisfacenti e naturali che migliorano l'aspetto complessivo delle sopracciglia.

6. Consigli per un ritocco efficace e duraturo

Per ottenere un ritocco efficace e duraturo nel microblading e nella dermopigmentazione, è fondamentale seguire alcuni consigli pratici che possono fare la differenza nell'aspetto finale delle sopracciglia.

Innanzitutto, è importante tenere conto del tempo trascorso dall'ultimo trattamento e valutare attentamente lo stato attuale delle sopracciglia prima di procedere con il ritocco. Questo può influenzare la quantità di pigmento residuo e la forma delle sopracciglia, determinando il tipo e l'estensione del ritocco necessario.

Prima di iniziare il ritocco, è consigliabile eseguire una pulizia accurata dell'area delle sopracciglia per rimuovere eventuali residui di trucco, olio o sudore che potrebbero influenzare l'adesione del pigmento. Questo assicura una superficie pulita e preparata per il trattamento, ottimizzando i risultati finali.

Durante il ritocco, è importante utilizzare gli stessi strumenti e pigmenti utilizzati durante il trattamento iniziale per garantire coerenza nel colore e nella texture delle sopracciglia. Questo aiuta a evitare discrepanze di colore o forma tra le nuove applicazioni e le zone precedentemente trattate, assicurando un aspetto uniforme e naturale.

Inoltre, è consigliabile seguire attentamente le istruzioni del tecnico durante il ritocco e comunicare eventuali preoccupazioni o desideri specifici riguardo al risultato finale. Una comunicazione aperta e trasparente con il tecnico può aiutare a garantire che le aspettative del cliente siano soddisfatte e che eventuali correzioni siano apportate durante il trattamento.

Dopo il ritocco, è importante seguire le istruzioni post-trattamento fornite dal tecnico per garantire una corretta guarigione e prolungare la durata dei risultati. Questo può includere evitare l'esposizione diretta al sole, evitare il contatto con acqua clorata o salata e applicare creme idratanti specifiche per mantenere le sopracciglia idratate e protette.

Infine, è consigliabile programmare ritocchi periodici per mantenere l'aspetto delle sopracciglia nel tempo e garantire che siano sempre al massimo della forma. Questo può aiutare a mantenere un aspetto fresco e naturale e prolungare la durata dei risultati nel tempo.

XIV. Gestione dei clienti con cicatrici o condizioni dermatologiche

1. Valutazione delle cicatrici e delle condizioni dermatologiche

La valutazione delle cicatrici e delle condizioni dermatologiche rappresenta un passaggio cruciale nella gestione dei clienti che desiderano sottoporsi a trattamenti di microblading, dermopigmentazione o permanent makeup per le sopracciglia.

Prima di iniziare qualsiasi procedura, è essenziale condurre un'analisi approfondita delle cicatrici presenti sul viso o delle condizioni della pelle che possono influenzare il risultato finale del trattamento.

Le cicatrici possono variare notevolmente in dimensioni, forme e tipologie, dall'acne all'esito di interventi chirurgici, e possono presentare sfide uniche durante il processo di pigmentazione.

Allo stesso modo, condizioni dermatologiche come dermatite, psoriasi o vitiligine possono influenzare la risposta della pelle al pigmento e la sua capacità di trattenere il colore nel tempo.

Per garantire risultati ottimali e la sicurezza del cliente, è fondamentale valutare attentamente queste condizioni prima di procedere con il trattamento, adottando le misure necessarie per mitigare eventuali rischi e adattare la tecnica in base alle caratteristiche specifiche della pelle del cliente.

Una valutazione completa consente anche di stabilire le aspettative realistiche del cliente e di fornire consigli appropriati sulle opzioni di trattamento più adatte alle sue esigenze individuali.

In questo capitolo, esploreremo in dettaglio le strategie e le considerazioni da tenere presenti nella gestione dei clienti con cicatrici o condizioni dermatologiche, al fine di garantire risultati soddisfacenti e una esperienza positiva complessiva.

2. Approcci specializzati per la gestione delle cicatrici

Nel contesto della gestione dei clienti con cicatrici, è fondamentale adottare approcci specializzati che tengano conto delle specifiche caratteristiche di ciascuna lesione cutanea.

Uno dei primi passaggi è comprendere il tipo e la gravità della cicatrice. Le cicatrici possono essere ipertrofiche, cheloidi, atrofiche o lineari, o possono derivare da interventi chirurgici, traumi o condizioni dermatologiche come l'acne. Ogni tipo di cicatrice richiede un approccio unico, poiché può influenzare la reazione della pelle al pigmento e la sua capacità di trattenere il colore nel tempo.

Per le cicatrici ipertrofiche o cheloidi, ad esempio, è necessario prestare particolare attenzione alla scelta del pigmento e alla profondità delle incisioni durante il trattamento per evitare la stimolazione eccessiva del tessuto cicatriziale. Al contrario, le cicatrici atrofiche possono richiedere un approccio più delicato per garantire un'adeguata pigmentazione e una consistenza uniforme delle sopracciglia.

Inoltre, è importante considerare la posizione della cicatrice e la sua interazione con le linee naturali del viso. Le cicatrici vicine all'area delle sopracciglia possono richiedere una tecnica di pigmentazione più accurata per mimetizzarle efficacemente, mentre quelle posizionate al di fuori dell'area delle sopracciglia possono influenzare la scelta del design e la disposizione dei colpi.

L'uso di pigmenti specializzati progettati per cicatrici e la consulenza con un dermatologo o un chirurgo plastico possono essere utili per identificare il miglior approccio per ogni singolo caso. La comunicazione aperta e trasparente con il cliente è anche essenziale, consentendo di stabilire aspettative realistiche e garantire la massima soddisfazione con i risultati finali del trattamento.

In questo capitolo, esploreremo una serie di strategie e tecniche specifiche per gestire le cicatrici in modo efficace e sicuro, offrendo consigli pratici e linee guida per ottenere risultati ottimali nelle situazioni più complesse.

3. Considerazioni durante la consulenza pre-trattamento

Durante la consulenza pre-trattamento con i clienti che presentano cicatrici o condizioni dermatologiche, è essenziale adottare un approccio completo e attento per valutare attentamente le loro esigenze e preoccupazioni specifiche.

In primo luogo, è importante raccogliere informazioni
dettagliate sulla storia medica del cliente, comprese eventuali
condizioni preesistenti della pelle, interventi chirurgici passati,
trattamenti dermatologici precedenti e reazioni note alla
pigmentazione cutanea. Queste informazioni consentono al
professionista di comprendere appieno lo stato della pelle del
cliente e di identificare eventuali fattori di rischio o
complicazioni potenziali che potrebbero influenzare il
trattamento.

Successivamente, è cruciale condurre un'esame visivo
approfondito delle cicatrici o delle condizioni dermatologiche
del cliente. Questo può includere valutare la dimensione, la
forma, la texture e il colore delle cicatrici, nonché eventuali
irregolarità o asimmetrie nella superficie della pelle. In alcuni
casi, potrebbe essere necessario utilizzare una lente
d'ingrandimento o una luce speciale per esaminare da vicino le
aree interessate e identificare eventuali dettagli rilevanti.

Durante la consulenza, è altresì importante ascoltare
attentamente le preoccupazioni del cliente e discutere
realisticamente delle aspettative del trattamento. Questo
momento offre l'opportunità di stabilire una comunicazione
aperta e trasparente, educando il cliente sui possibili risultati
del trattamento e sulle limitazioni associate alle loro condizioni
specifiche. Inoltre, consente al professionista di sviluppare un
piano personalizzato che tenga conto delle preferenze estetiche
del cliente e delle caratteristiche uniche della loro pelle.

Infine, è essenziale fornire al cliente tutte le informazioni necessarie per prendere una decisione informata sul trattamento. Questo include discutere dei rischi e dei benefici potenziali, delle alternative disponibili e delle precauzioni post-trattamento raccomandate per massimizzare i risultati e ridurre al minimo il rischio di complicazioni. Una consulenza completa e accurata garantisce che il cliente si senta confortevole e fiducioso nel procedere con il trattamento e contribuisce a stabilire una solida base per una collaborazione efficace tra professionista e cliente.

4. Tecniche di lavoro specifiche per cicatrici e condizioni dermatologiche

Nel trattamento delle cicatrici e delle condizioni dermatologiche, è fondamentale adottare tecniche di lavoro specifiche per ottenere risultati ottimali e garantire la sicurezza e il comfort del cliente.

Una delle tecniche più utilizzate è l'applicazione di diversi metodi di pigmentazione per correggere le irregolarità della pelle. Ad esempio, per le cicatrici ipertrofiche o cheloidi, che possono essere rialzate rispetto al livello della pelle circostante, è spesso consigliabile utilizzare una tecnica di microblading o dermopigmentazione per creare sfumature graduali che mimano la texture naturale della pelle e aiutano a ridurre l'aspetto dell'elevazione.

Per le cicatrici ipopigmentate o iperpigmentate, che presentano una pigmentazione più chiara o più scura rispetto alla pelle circostante, è importante selezionare pigmenti appropriati e utilizzare tecniche di miscelazione accurata per ottenere un colore uniforme e naturale. Inoltre, possono essere impiegate tecniche di sfumatura o ombreggiatura per camuffare la differenza di colore e migliorare l'aspetto complessivo della pelle.

Nel caso di condizioni dermatologiche come la vitiligine o la alopecia areata, che causano perdita di pigmentazione o diradamento dei capelli nelle sopracciglia, è possibile utilizzare la dermopigmentazione per ripristinare la pigmentazione o creare l'illusione di peli individuali. In questi casi, è importante lavorare con estrema precisione e attenzione per garantire risultati naturali e armoniosi.

È anche essenziale adottare precauzioni speciali durante il trattamento di cicatrici o condizioni dermatologiche, come evitare di lavorare direttamente sulle aree più sensibili o irritate della pelle e utilizzare aghi e strumenti appropriati per ridurre al minimo il rischio di danni aggiuntivi o irritazioni.

Infine, è consigliabile personalizzare ogni trattamento in base alle specifiche esigenze e alle caratteristiche individuali del cliente, tenendo conto del tipo di pelle, del colore e della dimensione delle cicatrici, nonché delle preferenze estetiche personali. Una consulenza approfondita e una valutazione accurata prima del trattamento sono fondamentali per determinare la strategia migliore e garantire risultati soddisfacenti e duraturi.

5. Consigli post-trattamento per clienti con cicatrici o condizioni dermatologiche

Dopo il trattamento di microblading o dermopigmentazione per cicatrici o condizioni dermatologiche, è fondamentale fornire al cliente una guida completa e dettagliata per la cura post-trattamento al fine di garantire una guarigione ottimale e risultati duraturi.

Innanzitutto, è importante informare il cliente sulle misure preventive da adottare per evitare eventuali complicazioni durante il processo di guarigione. Questo può includere istruzioni per evitare l'esposizione diretta ai raggi solari e alle fonti di calore eccessive, nonché l'uso di prodotti cosmetici o detergenti aggressivi sulle aree trattate.

Inoltre, è consigliabile consigliare al cliente di evitare il contatto diretto con l'acqua e il vapore per almeno 24-48 ore dopo il trattamento, per consentire alla pelle di guarire senza interferenze esterne. Durante questo periodo, è importante anche evitare di grattarsi o strofinare le aree trattate, in quanto ciò potrebbe compromettere il risultato finale e aumentare il rischio di infezioni.

È importante inoltre fornire al cliente istruzioni dettagliate su come applicare eventuali creme o pomate cicatrizzanti raccomandate per accelerare il processo di guarigione e ridurre il rischio di infiammazione o infezione. Questi prodotti possono essere applicati delicatamente sulla pelle trattata secondo le indicazioni del professionista.

Durante il periodo di guarigione, è fondamentale che il cliente mantenga la pelle idratata e protetta, utilizzando creme idratanti delicate e prive di profumi o coloranti artificiali. Questo può aiutare a prevenire la secchezza e la desquamazione della pelle e promuovere una guarigione più rapida e uniforme.

Infine, è importante programmare un follow-up con il cliente per valutare i risultati del trattamento e fornire ulteriori consigli o correzioni, se necessario. Durante questa visita di controllo, il professionista può anche fornire ulteriori istruzioni per la cura a lungo termine delle cicatrici o delle condizioni dermatologiche trattate, al fine di mantenere i risultati nel tempo.

Fornire una guida completa e personalizzata per la cura post-trattamento è essenziale per garantire la soddisfazione del cliente e ottenere risultati ottimali nel lungo termine.

XV. Precauzioni e sicurezza nell'esecuzione delle procedure

1. Utilizzo di Dispositivi di Protezione Individuale (DPI)

Il capitolo sul "Utilizzo di Dispositivi di Protezione Individuale (DPI)" approfondisce le pratiche fondamentali per garantire la sicurezza e l'igiene durante le procedure di microblading, dermopigmentazione e permanent makeup sopraccigliare.

L'impiego corretto dei DPI è una precauzione essenziale per proteggere sia l'estetista che il cliente da potenziali rischi per la salute. Questi dispositivi comprendono una vasta gamma di equipaggiamenti, tra cui guanti monouso, mascherine facciali, camici protettivi e occhiali da protezione.

I guanti monouso costituiscono una barriera cruciale per prevenire la contaminazione incrociata e la trasmissione di agenti patogeni. È importante utilizzare guanti adatti al contatto con fluidi corporei e cambiarli regolarmente durante la procedura.

Le mascherine facciali sono fondamentali per ridurre l'esposizione a particelle, vapori o aerosol che possono derivare dall'uso di sostanze chimiche o pigmenti. Indossare una mascherina adeguata protegge l'estetista da possibili irritazioni o danni alle vie respiratorie.

I camici protettivi forniscono un ulteriore strato di difesa contro eventuali contaminazioni e macchie. Scegliere camici di qualità aiuta a mantenere un ambiente di lavoro pulito e igienico, riducendo il rischio di contaminazione crociata.

Gli occhiali da protezione sono indispensabili per proteggere gli occhi dall'esposizione a schizzi di pigmenti o altri liquidi durante le procedure. Garantire la sicurezza degli occhi è essenziale per prevenire lesioni o irritazioni che potrebbero compromettere il benessere dell'estetista e del cliente.

L'adozione di queste precauzioni, insieme alla corretta selezione e sostituzione dei DPI, contribuisce a creare un ambiente di lavoro sicuro, igienico e professionale. Investire nella protezione individuale non solo protegge la salute di coloro che svolgono le procedure, ma anche quella dei clienti, garantendo un'esperienza positiva e priva di rischi.

2. Sterilizzazione e Disinfezione degli Strumenti

La sterilizzazione e disinfezione degli strumenti rappresentano un pilastro fondamentale per garantire la sicurezza e l'igiene durante le procedure di microblading, dermopigmentazione e permanent makeup sopraccigliare.

La sterilizzazione è il processo che elimina tutti i microrganismi presenti sugli strumenti, compresi batteri, virus e funghi. Questo viene solitamente ottenuto mediante l'uso di autoclavi, che utilizzano vapore ad alta temperatura e pressione per distruggere gli agenti patogeni. È importante seguire scrupolosamente le istruzioni del produttore per garantire un'efficace sterilizzazione degli strumenti.

La disinfezione, d'altra parte, è il processo che riduce la presenza di microrganismi patogeni sugli strumenti, ma non necessariamente li elimina completamente. Esistono diversi metodi di disinfezione, tra cui l'immersione in soluzioni disinfettanti chimiche, l'utilizzo di dispositivi ad ultrasuoni e la sterilizzazione a freddo. È essenziale scegliere il metodo di disinfezione più appropriato in base al tipo di strumento e alle linee guida normative.

Durante la sterilizzazione e disinfezione degli strumenti, è cruciale prestare attenzione a diversi fattori, come il tempo di contatto con il disinfettante, la corretta diluizione delle soluzioni, e il corretto funzionamento degli apparecchi sterilizzatori. È anche importante utilizzare strumenti di qualità che possano resistere ai processi di sterilizzazione senza subire danni o deterioramento.

Inoltre, è fondamentale adottare pratiche di manipolazione sicure degli strumenti durante le procedure, evitando il contatto diretto con le parti non sterilizzate e garantendo che gli strumenti vengano utilizzati solo su aree trattate e preparate in modo appropriato.

Investire tempo ed energie nella sterilizzazione e disinfezione degli strumenti è un passo imprescindibile per garantire la sicurezza e la salute sia dell'estetista che del cliente. La conformità rigorosa alle procedure di igiene e sterilizzazione contribuisce a creare un ambiente professionale e affidabile, in cui la qualità del servizio offerto è prioritaria.

3. Controllo dell'Ambiente di Lavoro

Il controllo dell'ambiente di lavoro è un aspetto cruciale per garantire la sicurezza e l'efficacia delle procedure di microblading, dermopigmentazione e permanent makeup sopraccigliare. Questo comprende una serie di misure proattive volte a creare un ambiente ottimale e sicuro per il cliente e l'estetista.

Innanzitutto, è essenziale garantire che l'ambiente di lavoro sia pulito e ben organizzato. Ciò significa mantenere gli spazi di lavoro, gli strumenti e le superfici puliti e disinfettati regolarmente, riducendo al minimo il rischio di contaminazione incrociata e la diffusione di agenti patogeni.

Inoltre, è importante controllare e monitorare costantemente i livelli di temperatura e umidità nell'ambiente di lavoro. Condizioni ambientali troppo calde o umide possono influire negativamente sulla stabilità e sulla resa dei pigmenti utilizzati durante le procedure, mentre ambienti troppo freddi possono rendere scomodo il cliente e compromettere la precisione dell'estetista.

Un'altra considerazione importante è la gestione dei rifiuti e dei materiali contaminati. È fondamentale disporre di appositi contenitori per raccogliere e smaltire in modo sicuro gli aghi usati, i guanti monouso e altri materiali contaminati. Questo aiuta a ridurre il rischio di infezioni e la diffusione di agenti patogeni nell'ambiente di lavoro.

Inoltre, è consigliabile mantenere un registro dettagliato di tutti i materiali utilizzati durante le procedure, compresi i pigmenti, i disinfettanti e altri prodotti chimici. Tenere traccia di queste informazioni è utile per monitorare l'uso e il consumo dei materiali, nonché per garantire la conformità alle normative di sicurezza e igiene.

Infine, è importante educare e formare adeguatamente il personale sull'importanza del controllo dell'ambiente di lavoro e sull'adozione delle migliori pratiche igieniche e di sicurezza. Questo può includere la partecipazione a corsi di formazione specifici sull'igiene e la sicurezza sul posto di lavoro, nonché la revisione regolare delle procedure e dei protocolli aziendali.

Assicurarsi che l'ambiente di lavoro sia adeguatamente controllato e gestito è fondamentale per fornire servizi sicuri, efficaci e di alta qualità ai clienti, garantendo nel contempo la salute e il benessere di tutto il personale coinvolto nelle procedure.

4. Prevenzione delle Reazioni Cutanee Avverse

La prevenzione delle reazioni cutanee avverse è un aspetto fondamentale nella pratica del microblading, della dermopigmentazione e del permanent makeup sopraccigliare. Queste procedure coinvolgono l'applicazione di pigmenti sulla pelle, il che può causare una serie di reazioni indesiderate se non gestite correttamente.

Per prevenire reazioni cutanee avverse, è importante seguire scrupolosamente le migliori pratiche igieniche e di sicurezza durante tutte le fasi delle procedure. Ciò include l'utilizzo di dispositivi di protezione individuale (DPI), la sterilizzazione degli strumenti e il controllo dell'ambiente di lavoro per ridurre al minimo il rischio di contaminazione batterica o virale.

Inoltre, è essenziale condurre un'attenta valutazione della pelle del cliente prima di iniziare qualsiasi procedura. Questo può aiutare a identificare eventuali condizioni cutanee preesistenti, allergie o sensibilità che potrebbero aumentare il rischio di reazioni avverse. Se necessario, si dovrebbe consigliare al cliente di consultare un dermatologo prima di procedere con il trattamento.

Durante la procedura stessa, è importante utilizzare pigmenti di alta qualità e sicuri, che siano stati testati per ridurre al minimo il rischio di irritazione o allergie cutanee. Inoltre, è consigliabile eseguire sempre un test di patch su una piccola area della pelle prima di procedere con l'applicazione completa del pigmento, specialmente se il cliente ha una storia di sensibilità cutanea.

Dopo la procedura, è importante fornire al cliente istruzioni dettagliate per la cura post-trattamento della pelle. Ciò può includere l'applicazione di creme idratanti o di altri prodotti raccomandati per ridurre l'irritazione e promuovere una guarigione rapida e sicura.

Infine, è importante monitorare attentamente il cliente per eventuali segni di reazioni cutanee avverse nelle settimane successive alla procedura. Se si verificano sintomi come arrossamento, gonfiore, prurito o dolore eccessivo, il cliente dovrebbe essere consigliato di consultare immediatamente un medico o un dermatologo per valutare la situazione.

Prendere precauzioni per prevenire le reazioni cutanee avverse è essenziale per garantire la sicurezza e il benessere dei clienti e per mantenere elevati standard professionali nella pratica del microblading, della dermopigmentazione e del permanent makeup sopraccigliare.

5. Gestione delle Emergenze durante le Procedure

La gestione delle emergenze durante le procedure di microblading, dermopigmentazione e permanent makeup sopraccigliare richiede una preparazione adeguata e una risposta rapida ed efficace in caso di situazioni critiche. Anche se tali situazioni sono rare, è essenziale essere pronti a fronteggiarle nel modo migliore possibile per garantire la sicurezza del cliente e mantenere elevati standard professionali.

Una delle principali emergenze durante queste procedure è l'ipotensione, che può verificarsi a causa del dolore, dello stress o di una reazione allergica del cliente. In caso di ipotensione, è importante interrompere immediatamente la procedura e mettere il cliente in posizione supina con le gambe sollevate per favorire il flusso sanguigno al cervello. È anche consigliabile somministrare liquidi e zuccheri per aumentare la pressione sanguigna.

Un'altra emergenza comune è l'ipoglicemia, che può verificarsi se il cliente non ha mangiato abbastanza prima della procedura o se ha una sensibilità allo stress. In questo caso, è importante fornire al cliente cibi o bevande zuccherati per aumentare rapidamente i livelli di zucchero nel sangue e prevenire eventuali complicazioni.

Inoltre, è importante essere preparati per affrontare reazioni allergiche improvvise ai pigmenti utilizzati durante la procedura. Se il cliente mostra segni di un'allergia, come arrossamento, gonfiore o prurito intenso, è essenziale interrompere immediatamente la procedura e somministrare antistaminici o altre misure di emergenza per alleviare i sintomi.

In caso di complicazioni più gravi, come emorragie o infezioni, è fondamentale avere a disposizione un kit di pronto soccorso completo e sapere come utilizzarlo correttamente. La tempestiva applicazione di medicazioni sterili e la consultazione di un medico sono essenziali per gestire efficacemente tali emergenze e prevenire conseguenze gravi per il cliente.

Infine, è importante mantenere la calma e agire con determinazione in caso di emergenze durante le procedure. Una risposta rapida e sicura può fare la differenza tra un'esperienza positiva e un incidente grave per il cliente. Pertanto, è consigliabile sottoporsi regolarmente a corsi di formazione sulle procedure di emergenza e mantenere sempre aggiornate le competenze nel campo della sicurezza e della gestione delle emergenze.

XVI. Marketing e promozione dei servizi di microblading e dermopigmentazione

1. Strategie di marketing online

Le strategie di marketing online rappresentano un elemento essenziale per promuovere con successo i servizi di microblading e dermopigmentazione. In un mondo sempre più connesso digitalmente, sfruttare al massimo le potenzialità offerte dal web è fondamentale per raggiungere il proprio pubblico di riferimento e accrescere la visibilità del proprio business. Tra le varie strategie disponibili, una delle più efficaci è quella di sviluppare una presenza online solida e coerente attraverso diversi canali digitali.

Innanzitutto, un sito web ben progettato rappresenta la base di qualsiasi strategia di marketing online. Il sito deve essere user-friendly, facilmente navigabile e ottimizzato per i motori di ricerca (SEO) al fine di garantire una buona visibilità nei risultati di ricerca. È importante includere informazioni dettagliate sui servizi offerti, i prezzi, le testimonianze dei clienti soddisfatti e eventuali promozioni in corso. Inoltre, è consigliabile integrare un sistema di prenotazione online per consentire ai potenziali clienti di prenotare comodamente un appuntamento direttamente dal sito.

Parallelamente al sito web, è essenziale mantenere una
presenza attiva e coinvolgente sui principali social media, come
Facebook, Instagram, e Pinterest. Questi canali offrono
un'opportunità unica per condividere foto dei risultati ottenuti,
video tutorial, consigli pratici e altro ancora. Inoltre, i social
media consentono di interagire direttamente con il pubblico,
rispondendo alle domande, gestendo le recensioni e creando
una community attorno al proprio marchio.

Oltre alla gestione dei propri canali social, è importante
considerare anche le pubblicità online come strumento per
raggiungere un pubblico più ampio e mirato. Le piattaforme
pubblicitarie come Google Ads e Facebook Ads consentono di
creare annunci mirati basati su criteri demografici, interessi e
comportamenti online. Questo permette di raggiungere
potenziali clienti che potrebbero essere interessati ai servizi
offerti, aumentando così le possibilità di conversione.

Infine, è utile implementare una strategia di content marketing,
producendo regolarmente contenuti rilevanti e informativi che
possano interessare il proprio pubblico di riferimento. Questi
contenuti possono includere articoli sul blog, guide pratiche,
video tutorial e molto altro ancora. Offrire valore aggiunto
attraverso i contenuti permette di costruire fiducia con il
pubblico e di posizionarsi come un'autorità nel settore.

In definitiva, le strategie di marketing online offrono un'ampia
gamma di opportunità per promuovere i servizi di microblading
e dermopigmentazione, raggiungere un pubblico più ampio e
aumentare il successo del proprio business. Tuttavia, è
importante pianificare attentamente le proprie attività online,
monitorare i risultati e adattare la strategia di conseguenza per
massimizzare il ritorno sull'investimento.

2. Collaborazioni con influencer e professionisti del settore

Le collaborazioni con influencer e professionisti del settore rappresentano un'opportunità strategica per ampliare la visibilità e la credibilità del proprio business di microblading e dermopigmentazione. Gli influencer, persone con un seguito significativo sui social media e nel settore beauty, possono avere un impatto significativo sulla percezione del marchio e sulla capacità di raggiungere nuovi clienti.

La chiave per una collaborazione di successo con gli influencer è identificare quelli il cui pubblico di riferimento si sovrappone al proprio target di clientela ideale. Questo può essere fatto analizzando attentamente i loro follower, il loro tipo di contenuto e la loro reputazione nel settore. Una volta individuati gli influencer più adatti, è possibile avviare una collaborazione attraverso varie modalità.

Una delle forme più comuni di collaborazione è l'invio di prodotti o servizi gratuiti agli influencer in cambio di recensioni o post sponsorizzati. Questo approccio permette di far conoscere il proprio marchio a un pubblico più ampio attraverso il canale di comunicazione dell'influencer. È importante stabilire chiari accordi e aspettative riguardo al tipo di contenuto e alla messaggistica da condividere, al fine di garantire una rappresentazione accurata e positiva del proprio marchio.

Oltre agli influencer, le collaborazioni con altri professionisti del settore possono essere altrettanto vantaggiose. Ad esempio, lavorare in sinergia con estetisti, saloni di bellezza o dermatologi può consentire di raggiungere nuovi clienti attraverso una rete già esistente di clientela fidata. Questo può avvenire attraverso partnership promozionali, referral reciproci o eventi collaborativi.

Inoltre, partecipare a fiere del settore, eventi di bellezza o workshop può offrire un'opportunità unica per fare networking con altri professionisti del settore e promuovere i propri servizi. Durante questi eventi, è possibile stabilire connessioni significative, condividere conoscenze e mostrare il proprio lavoro attraverso dimostrazioni dal vivo o presentazioni.

Infine, è importante mantenere un approccio autentico e genuino nelle collaborazioni con influencer e professionisti del settore. La trasparenza e l'integrità sono fondamentali per costruire rapporti duraturi e positivi con il pubblico e la comunità professionale. Collaborare con persone che condividono i valori e la visione del proprio marchio può contribuire a garantire una partnership reciproca e di successo nel lungo termine.

3. Utilizzo dei social media per promuovere i servizi

L'utilizzo dei social media rappresenta un elemento fondamentale per promuovere i servizi di microblading e dermopigmentazione in modo efficace e mirato. Piattaforme come Instagram, Facebook e TikTok offrono un'ampia gamma di strumenti e funzionalità che consentono di raggiungere un vasto pubblico di potenziali clienti e di creare un'immagine di marca autentica e accattivante.

Una strategia di social media efficace inizia con la creazione di contenuti di alta qualità e rilevanti per il proprio pubblico di riferimento. Questi possono includere foto e video dei risultati dei trattamenti, tutorial su tecniche specifiche, dietro le quinte del processo di lavoro e testimonianze dei clienti soddisfatti. È importante mantenere un mix equilibrato di contenuti informativi, educativi e divertenti per coinvolgere e mantenere l'attenzione del pubblico nel lungo termine.

Inoltre, è cruciale utilizzare le funzionalità di targeting e di segmentazione offerte dalle piattaforme social per raggiungere gli utenti più interessati ai propri servizi. Questo può essere fatto attraverso la pubblicazione di annunci mirati basati su interessi, demografia e comportamenti online. Inoltre, l'uso di hashtag pertinenti e locali può aiutare a aumentare la visibilità dei propri contenuti e ad attrarre potenziali clienti locali.

Oltre alla pubblicazione di contenuti organici, l'utilizzo di pubblicità a pagamento può essere un modo efficace per ampliare la portata e l'engagement dei propri messaggi. Le piattaforme social offrono una varietà di opzioni pubblicitarie, tra cui annunci di tipo carousel, video promozionali e inserzioni sponsorizzate nelle storie. Queste possono essere utilizzate per promuovere offerte speciali, eventi in salone o per generare consapevolezza sul proprio marchio.

Infine, è importante mantenere un'interazione attiva con il pubblico sui social media, rispondendo ai commenti, alle domande e ai messaggi in modo tempestivo e cortese. Questo aiuta a creare un rapporto di fiducia e autenticità con i potenziali clienti e a mantenere viva l'attenzione sul proprio marchio nel lungo termine.

4. Eventi e fiere del settore: opportunità di promozione

Partecipare ad eventi e fiere del settore rappresenta un'opportunità unica per promuovere i servizi di microblading e dermopigmentazione, incontrare nuovi clienti e stabilire connessioni con altri professionisti del settore. Questi eventi offrono una piattaforma per presentare i propri servizi in modo tangibile, consentendo ai potenziali clienti di vedere i risultati in prima persona e di interagire direttamente con il personale del salone.

Prima di partecipare a un evento o a una fiera del settore, è importante pianificare attentamente la propria presenza. Questo include la creazione di un booth o uno stand accattivante e professionale, con materiale promozionale ben curato e informativo, come brochure, volantini e campioni dei prodotti utilizzati nel salone. Inoltre, è essenziale adottare un approccio proattivo nell'interagire con i visitatori dello stand, fornendo informazioni dettagliate sui servizi offerti, rispondendo alle domande e offrendo consulenze gratuite o sconti speciali per coloro che prenotano durante l'evento.

Durante l'evento, è importante essere presenti e visibili, partecipando attivamente a dimostrazioni dal vivo, workshop e conferenze pertinenti al settore. Questo non solo aiuta a promuovere i propri servizi, ma consente anche di apprendere nuove tecniche, tendenze e best practices da altri professionisti del settore.

Inoltre, è possibile sfruttare gli eventi e le fiere del settore per creare partnership e collaborazioni con altri professionisti del settore, come estetisti, truccatori e stilisti per capelli. Queste collaborazioni possono portare a sinergie positive e a un aumento della visibilità del proprio marchio attraverso la condivisione di clienti e la promozione incrociata sui rispettivi canali di marketing.

Infine, è importante valutare attentamente l'efficacia della partecipazione agli eventi e alle fiere del settore, monitorando metriche chiave come il numero di contatti generati, le prenotazioni effettuate durante l'evento e il ritorno sull'investimento complessivo. Queste informazioni possono essere utilizzate per ottimizzare la strategia di marketing e promozione futura e per identificare nuove opportunità di crescita e sviluppo del business.

XVII. Gestione delle attrezzature e approvvigionamento dei materiali

1. Selezione delle Attrezzature: Scegliere il Giusto Strumento per Ogni Procedura

La selezione delle attrezzature è un passaggio cruciale per garantire il successo e la sicurezza di ogni procedura di microblading, dermopigmentazione e permanent make up sopraccigliare.

Ogni strumento utilizzato durante queste pratiche deve essere scelto con cura, considerando diversi fattori che influenzano l'efficacia e la precisione del lavoro svolto.

Innanzitutto, è fondamentale valutare la qualità e la reputazione del produttore, optando per marchi affidabili e conosciuti nel settore. La durabilità e l'affidabilità degli strumenti sono essenziali per garantire risultati costanti nel tempo e per evitare inconvenienti durante le sessioni di lavoro.

Inoltre, è importante considerare le specifiche esigenze del professionista e le caratteristiche delle singole procedure. Ad esempio, nel microblading potrebbe essere preferibile utilizzare lame più sottili e precise per creare linee definite e naturali, mentre nella dermopigmentazione potrebbero essere necessari strumenti più robusti e versatili per lavorare su diverse tipologie di pelle.

La selezione delle attrezzature deve anche tener conto delle normative e delle linee guida vigenti nel settore della cosmetica permanente, garantendo il rispetto delle norme igieniche e di sicurezza per proteggere la salute del cliente e del professionista.

Infine, è importante aggiornarsi costantemente sulle nuove tecnologie e sulle innovazioni nel campo degli strumenti e delle attrezzature, per poter offrire ai clienti il miglior servizio possibile e rimanere competitivi sul mercato.

La scelta del giusto strumento per ogni procedura è un passo fondamentale per assicurare risultati di alta qualità e soddisfare le aspettative dei clienti, contribuendo al successo e alla reputazione del professionista nel settore della microblading, dermopigmentazione e permanent make up sopraccigliare.

2. Manutenzione e Pulizia delle Attrezzature: Garantire Sicurezza e Durata nel Tempo

La manutenzione e la pulizia delle attrezzature sono passaggi essenziali per garantire la sicurezza e la durata nel tempo degli strumenti utilizzati nelle pratiche di microblading, dermopigmentazione e permanent make up sopraccigliare.

Prima di ogni utilizzo, è fondamentale verificare che gli strumenti siano integri e privi di danni, controllando la presenza di eventuali segni di usura o di parti danneggiate che potrebbero compromettere l'efficacia del lavoro e mettere a rischio la salute del cliente.

Durante e dopo ogni sessione di lavoro, è importante pulire accuratamente gli strumenti utilizzati con prodotti disinfettanti specifici per dispositivi medici, in grado di eliminare batteri, virus e altri agenti patogeni che potrebbero contaminare la pelle e causare infezioni.

Inoltre, è consigliabile seguire le linee guida e le raccomandazioni del produttore per la corretta manutenzione degli strumenti, che potrebbe includere operazioni come lubrificazione, affilatura o sostituzione di parti soggette a usura.

Per garantire la massima sicurezza e igiene, è opportuno dedicare uno spazio pulito e ben organizzato alla conservazione degli strumenti, evitando il contatto con altre superfici o materiali che potrebbero contaminarli.

Infine, è importante tenere traccia delle scadenze e dei controlli periodici suggeriti dal produttore per garantire che gli strumenti siano sempre in condizioni ottimali e conformi alle normative vigenti nel settore della cosmetica permanente.

La corretta manutenzione e pulizia delle attrezzature sono fondamentali per assicurare la sicurezza del cliente e la durata nel tempo degli strumenti utilizzati nelle pratiche di microblading, dermopigmentazione e permanent make up sopraccigliare, contribuendo al successo e alla reputazione del professionista nel settore.

3. Approvvigionamento dei Materiali: Strategie per Ottenere Prodotti di Qualità

L'approvvigionamento dei materiali è una fase cruciale per garantire la qualità e l'efficacia delle prestazioni nel settore del microblading, della dermopigmentazione e del permanent make up sopraccigliare. Per ottenere prodotti di alta qualità, è fondamentale seguire alcune strategie specifiche.

Innanzitutto, è consigliabile selezionare fornitori affidabili e rinomati nel settore della cosmetica permanente, che offrano prodotti certificati e conformi alle normative vigenti. La scelta di fornitori consolidati e di fiducia permette di ridurre il rischio di acquistare materiali contraffatti o di scarsa qualità, garantendo la sicurezza e l'efficacia delle prestazioni.

In secondo luogo, è importante prestare attenzione alla selezione dei singoli prodotti, valutando attentamente caratteristiche come la composizione, la pigmentazione e la durata nel tempo. Optare per materiali di alta qualità e formulazioni sicure è essenziale per ottenere risultati eccellenti e soddisfare le aspettative dei clienti.

Un'altra strategia utile è quella di tenere conto delle esigenze specifiche del proprio studio o salone e dei propri clienti, scegliendo materiali e prodotti che si adattino alle diverse tipologie di pelle, alle preferenze estetiche e alle necessità individuali. Personalizzare l'approvvigionamento dei materiali in base alle proprie esigenze permette di ottimizzare l'efficienza del lavoro e di offrire un servizio su misura per ogni cliente.

È inoltre consigliabile rimanere costantemente aggiornati sulle ultime novità e tendenze nel settore della cosmetica permanente, partecipando a fiere, eventi e corsi di formazione dedicati. Questo permette di scoprire nuovi prodotti, tecniche e metodologie di lavoro, arricchendo il proprio bagaglio professionale e migliorando la qualità del servizio offerto ai clienti.

Infine, è importante prestare attenzione anche al rapporto qualità-prezzo dei materiali acquistati, valutando attentamente il costo unitario rispetto alla qualità e all'affidabilità del prodotto. Trovare un equilibrio tra qualità e convenienza economica consente di ottimizzare il budget e di massimizzare il valore degli investimenti nel proprio studio o salone.

4. Controllo della Qualità: Verifica e Test dei Materiali Acquistati

Il controllo della qualità dei materiali acquistati è un passaggio fondamentale per garantire prestazioni ottimali e la sicurezza dei trattamenti nel campo del microblading, della dermopigmentazione e del permanent makeup per le sopracciglia. Prima di utilizzare qualsiasi prodotto, è essenziale eseguire una verifica approfondita e testare attentamente le caratteristiche e le prestazioni.

Il primo passo consiste nell'esaminare attentamente l'imballaggio e l'etichettatura del prodotto, verificando che riporti tutte le informazioni necessarie, come la data di scadenza, gli ingredienti, le istruzioni per l'uso e le avvertenze di sicurezza. Assicurarsi che l'imballaggio sia integro e che non vi siano segni di danneggiamento o manipolazione è essenziale per garantire l'autenticità e l'integrità del prodotto.

Successivamente, è consigliabile effettuare dei test preliminari su una piccola area della pelle, preferibilmente su se stessi o su modelli volontari, per valutare la compatibilità del prodotto con diversi tipi di pelle e minimizzare il rischio di reazioni allergiche o irritazioni cutanee. Questo permette di individuare eventuali problemi o incompatibilità prima dell'utilizzo su clienti reali.

Durante i test, è importante valutare anche la pigmentazione, la consistenza e la durata del prodotto, verificando se risponde alle aspettative e alle esigenze specifiche del trattamento. In caso di dubbi o incertezze sulla qualità del materiale, è consigliabile contattare il fornitore per ottenere ulteriori informazioni o richiedere eventuali chiarimenti.

Oltre ai test preliminari, è consigliabile mantenere un registro dettagliato di tutti i materiali acquistati e utilizzati, annotando eventuali osservazioni, feedback dei clienti e risultati ottenuti durante i trattamenti. Questo permette di monitorare l'efficacia e la affidabilità dei prodotti nel tempo e di apportare eventuali correzioni o miglioramenti alla propria pratica professionale.

In conclusione, il controllo della qualità dei materiali acquistati è un processo continuo e indispensabile per garantire la sicurezza, l'efficacia e la soddisfazione dei clienti nei trattamenti di microblading, dermopigmentazione e permanent makeup per le sopracciglia.

5. Organizzazione dello Spazio di Lavoro: Ottimizzazione per Massima Efficienza

L'organizzazione dello spazio di lavoro è cruciale per garantire massima efficienza e comfort durante le sessioni di microblading, dermopigmentazione e permanent makeup per le sopracciglia. Una disposizione ben studiata e ottimizzata può fare la differenza tra una giornata di lavoro fluida e produttiva e una frustrante e disordinata.

Prima di tutto, è importante considerare la disposizione fisica degli strumenti e dei materiali necessari per eseguire i trattamenti. Assicurarsi che tutto sia facilmente accessibile e disposto in modo logico può ridurre i tempi morti e migliorare la fluidità delle operazioni. Ad esempio, avere i pigmenti, le lame, i pennelli e altri strumenti essenziali a portata di mano può permettere al professionista di concentrarsi completamente sul lavoro senza dover interrompere la sessione per cercare gli strumenti mancanti.

Inoltre, è importante mantenere lo spazio di lavoro pulito, ordinato e ben illuminato. Una pulizia regolare delle superfici di lavoro e degli strumenti aiuta a prevenire la contaminazione incrociata e a garantire un ambiente sicuro e igienico per il cliente. Una buona illuminazione è essenziale per eseguire trattamenti precisi e accurati, quindi assicurarsi di avere una fonte luminosa sufficiente e ben posizionata è fondamentale.

Oltre alla disposizione fisica degli strumenti, è importante considerare anche l'ergonomia dello spazio di lavoro. Assicurarsi che il cliente sia comodamente posizionato e che il professionista abbia una postura corretta durante il trattamento può contribuire a prevenire affaticamento e lesioni muscolari a lungo termine.

Infine, è utile avere un sistema organizzato per la gestione della documentazione e delle informazioni relative ai clienti, come schede di consultazione, consensi informati e registrazioni dei trattamenti. Mantenere queste informazioni facilmente accessibili e aggiornate può facilitare la comunicazione con i clienti e garantire una gestione efficiente delle pratiche amministrative.

In sintesi, un'organizzazione efficace dello spazio di lavoro è essenziale per massimizzare l'efficienza e garantire la sicurezza e la soddisfazione dei clienti durante i trattamenti di microblading, dermopigmentazione e permanent makeup per le sopracciglia.

6. Archiviazione e Stoccaggio: Preservare l'Integrità dei Materiali nel Lungo Termine

L'archiviazione e lo stoccaggio dei materiali sono fasi cruciali per preservare l'integrità degli strumenti e dei prodotti utilizzati nel microblading, nella dermopigmentazione e nel permanent makeup per le sopracciglia nel lungo termine. Un adeguato sistema di archiviazione e stoccaggio non solo protegge gli strumenti dall'usura e dalla contaminazione, ma contribuisce anche a garantire la sicurezza e l'efficacia dei trattamenti.

Per prima cosa, è importante scegliere un'area di archiviazione che sia pulita, asciutta e ben ventilata. Le temperature e l'umidità eccessive possono compromettere la qualità dei materiali, quindi è consigliabile evitare luoghi soggetti a sbalzi termici o condizioni climatiche estreme. Gli armadietti o gli scaffali utilizzati per l'archiviazione dovrebbero essere robusti e stabili per evitare cadute accidentali o danni agli strumenti.

Un'altra considerazione importante è la suddivisione e l'organizzazione degli strumenti e dei materiali in modo da facilitare il recupero e l'accesso rapido quando necessario. Ad esempio, è possibile organizzare gli strumenti per categoria (ad esempio, lame, pigmenti, pennelli) o per frequenza di utilizzo. Utilizzare contenitori trasparenti o etichette chiare può aiutare a identificare facilmente il contenuto di ciascun contenitore e a evitare confusioni.

Inoltre, è consigliabile mantenere gli strumenti e i prodotti ben protetti da polvere, sporco e danni fisici. Utilizzare custodie o contenitori appositi per gli strumenti più delicati e imballare accuratamente i prodotti per proteggerli durante il trasporto o lo stoccaggio a lungo termine. Assicurarsi che gli strumenti siano adeguatamente puliti e sterilizzati prima di essere archiviati può contribuire a prevenire la contaminazione e a mantenere gli strumenti in condizioni ottimali.

Infine, è importante tenere traccia delle scadenze dei prodotti e dei materiali per evitare di utilizzare articoli scaduti o deteriorati. Tenere un registro degli acquisti e delle scadenze può aiutare a pianificare gli acquisti futuri e a garantire che gli strumenti e i prodotti siano sempre freschi e utilizzabili.

In conclusione, un'adeguata archiviazione e stoccaggio sono fondamentali per preservare l'integrità dei materiali utilizzati nel microblading, nella dermopigmentazione e nel permanent makeup per le sopracciglia nel lungo termine, garantendo sicurezza, efficacia e soddisfazione del cliente.

7. Monitoraggio delle Scorte: Evitare Esaurimenti e Assicurare Continuità Operativa

Il monitoraggio delle scorte è un aspetto cruciale della gestione delle attrezzature e dell'approvvigionamento dei materiali nel contesto del microblading, della dermopigmentazione e del permanent makeup per le sopracciglia. Evitare esaurimenti è fondamentale per garantire la continuità operativa e la soddisfazione dei clienti. Per questo motivo, è consigliabile adottare un sistema di monitoraggio delle scorte accurato e sistematico.

Innanzitutto, è importante stabilire una lista dettagliata di tutti gli strumenti, i prodotti e i materiali necessari per condurre le varie procedure. Questo può includere lame per microblading, pigmenti, aghi, pennelli, salviette disinfettanti, mascherine e altro ancora. Una volta compilata la lista, è utile definire le quantità ottimali di ciascun elemento da mantenere in magazzino in base alla frequenza di utilizzo e alle necessità del business.

Successivamente, è consigliabile tenere traccia delle scorte utilizzando un sistema di inventario regolare. Questo può essere fatto manualmente attraverso registri cartacei o utilizzando software di gestione dell'inventario. L'importante è che il sistema scelto sia accurato, facile da usare e aggiornato regolarmente per riflettere le variazioni nelle scorte.

Oltre al monitoraggio delle quantità, è utile tenere d'occhio anche la qualità dei materiali. Ad esempio, è importante controllare regolarmente la data di scadenza dei prodotti per assicurarsi che siano ancora utilizzabili e sicuri. Inoltre, monitorare la qualità degli strumenti e dei materiali può aiutare a identificare eventuali segni di usura o deterioramento e ad agire di conseguenza per sostituirli o ripararli tempestivamente.

Un'altra considerazione importante è prevedere tempestivamente eventuali esigenze di riordino. Monitorando le scorte in modo proattivo, è possibile prevedere quando sarà necessario effettuare nuovi ordini e assicurarsi di avere sempre a disposizione ciò di cui si ha bisogno per continuare a operare senza interruzioni.

Infine, è consigliabile mantenere un rapporto stretto con i fornitori per garantire una catena di approvvigionamento affidabile e tempestiva. Comunicare regolarmente con i fornitori può aiutare a evitare ritardi nella consegna e a risolvere eventuali problemi che possono sorgere durante il processo di approvvigionamento.

In conclusione, il monitoraggio delle scorte è essenziale per evitare esaurimenti e assicurare la continuità operativa nel microblading, nella dermopigmentazione e nel permanent makeup per le sopracciglia. Adottando un sistema di monitoraggio accurato e sistematico, è possibile gestire efficacemente le scorte e garantire che il business funzioni senza intoppi.

8. Sostenibilità e Riduzione degli Sprechi: Pratiche per un Approccio Eco-Friendly alla Gestione delle Attrezzature e dei Materiali

Nell'ambito del microblading, della dermopigmentazione e del permanent makeup per le sopracciglia, è importante adottare pratiche sostenibili e ridurre gli sprechi per promuovere un approccio eco-friendly alla gestione delle attrezzature e dei materiali. Ci sono diverse strategie che i professionisti possono adottare per ridurre l'impatto ambientale delle loro attività e contribuire alla salvaguardia del pianeta.

In primo luogo, una pratica sostenibile consiste nell'ottimizzare l'uso delle risorse, riducendo al minimo gli sprechi di materiali. Questo può essere fatto adottando tecniche di lavoro efficienti che massimizzano l'utilizzo degli strumenti e dei prodotti, riducendo al minimo il loro consumo eccessivo. Ad esempio, evitare di utilizzare più prodotto del necessario durante le procedure e ridurre al minimo il numero di strumenti utilizzati possono contribuire a ridurre gli sprechi e a conservare le risorse.

In secondo luogo, è importante scegliere materiali e attrezzature eco-friendly, quando possibile. Ciò può includere l'acquisto di prodotti realizzati con materiali riciclati o biodegradabili e l'uso di strumenti che hanno un impatto ambientale ridotto durante la produzione e lo smaltimento. Inoltre, cercare fornitori che adottino pratiche sostenibili e che offrano opzioni eco-friendly può contribuire a promuovere una catena di approvvigionamento più sostenibile.

Un'altra pratica importante è il riciclo e il corretto smaltimento dei materiali. Riciclare gli imballaggi e i contenitori dei prodotti, nonché smaltire correttamente gli strumenti e le attrezzature alla fine della loro vita utile, può contribuire a ridurre l'impatto ambientale delle attività professionali. Inoltre, è possibile cercare opportunità di riciclo o di donazione di attrezzature inutilizzate per ridurre gli sprechi e dare una seconda vita ai materiali.

Infine, è importante educare i clienti sull'importanza della sostenibilità e incoraggiarli a fare scelte eco-friendly. Ciò può essere fatto fornendo informazioni sui prodotti e sulle pratiche sostenibili utilizzate nello studio, nonché promuovendo l'adozione di abitudini sostenibili tra la clientela. Ad esempio, incoraggiare i clienti a riciclare gli imballaggi dei prodotti e a optare per trattamenti eco-friendly può contribuire a diffondere la consapevolezza ambientale e a promuovere comportamenti più sostenibili.

In conclusione, adottare pratiche sostenibili e ridurre gli sprechi è fondamentale per promuovere un approccio eco-friendly alla gestione delle attrezzature e dei materiali nel microblading, nella dermopigmentazione e nel permanent makeup per le sopracciglia. Scegliere materiali eco-friendly, ottimizzare l'uso delle risorse, riciclare e educare i clienti sono solo alcune delle strategie che i professionisti possono adottare per ridurre l'impatto ambientale delle loro attività e contribuire alla salvaguardia del pianeta.

XVIII. Aspetti legali e normativi nella pratica del microblading e della dermopigmentazione

1. Legislazione sulle pratiche cosmetiche: Regolamenti e requisiti normativi

La legislazione sulle pratiche cosmetiche rappresenta un pilastro fondamentale per garantire la sicurezza e la qualità dei servizi di microblading e dermopigmentazione. I regolamenti e i requisiti normativi variano da paese a paese e spesso sono soggetti a frequenti aggiornamenti per adeguarsi agli sviluppi tecnologici e alle nuove scoperte nel settore cosmetico. Questi regolamenti sono progettati per proteggere la salute e il benessere dei clienti, nonché per stabilire standard di competenza e professionalità per gli operatori del settore.

Uno degli aspetti principali della legislazione sulle pratiche cosmetiche riguarda la registrazione e l'autorizzazione dei prodotti utilizzati durante i trattamenti di microblading e dermopigmentazione. Gli enti regolatori possono richiedere che i pigmenti e altri materiali impiegati siano conformi a determinati standard di sicurezza e qualità. Questo può includere la verifica della composizione chimica dei pigmenti, la loro stabilità e la conformità alle normative sulla sicurezza dei prodotti cosmetici.

Inoltre, la legislazione solitamente stabilisce i requisiti di formazione e certificazione per gli operatori che desiderano praticare il microblading e la dermopigmentazione. Questi requisiti possono riguardare il completamento di corsi di formazione specifici, l'acquisizione di competenze pratiche sotto la supervisione di professionisti qualificati e l'ottenimento di certificazioni riconosciute dalle autorità competenti. La formazione continua può anche essere un requisito per mantenere la licenza o la certificazione professionale.

Altri aspetti normativi includono le linee guida sull'igiene e sulla sicurezza durante l'esecuzione dei trattamenti, comprese le pratiche di disinfezione e sterilizzazione degli strumenti e delle attrezzature, nonché l'adozione di procedure per la gestione dei rifiuti biologici e chimici. Queste norme sono progettate per prevenire la diffusione di infezioni e garantire un ambiente sicuro per i clienti e gli operatori.

Inoltre, la legislazione può anche disciplinare le pratiche pubblicitarie e promozionali nel settore del microblading e della dermopigmentazione, stabilendo regole e restrizioni sull'uso di dichiarazioni di efficacia, testimonianze dei clienti e immagini prima e dopo. Questo mira a garantire che le informazioni fornite ai potenziali clienti siano accurate e non fuorvianti.

Infine, le leggi sulla responsabilità civile e penale possono definire le conseguenze legali in caso di pratiche professionali negligenti o dannose. Gli operatori possono essere tenuti a stipulare polizze assicurative specifiche per proteggersi da eventuali controversie legali e richieste di risarcimento danni da parte dei clienti.

In sintesi, la legislazione sulle pratiche cosmetiche svolge un ruolo cruciale nel garantire la sicurezza, l'efficacia e l'integrità delle procedure di microblading e dermopigmentazione, stabilendo regole e regolamenti che guidano gli operatori del settore e proteggono i diritti e il benessere dei clienti.

2. Requisiti di formazione e certificazione per i professionisti del settore

I requisiti di formazione e certificazione per i professionisti del settore del microblading e della dermopigmentazione sono essenziali per garantire che gli operatori siano adeguatamente preparati e competenti nel fornire servizi sicuri ed efficaci ai propri clienti. Questi requisiti variano a seconda delle normative vigenti in ciascun paese o regione e sono spesso soggetti a periodici aggiornamenti per riflettere gli standard più recenti e le migliori pratiche nel settore cosmetico.

Le autorità regolatorie possono stabilire criteri specifici che gli operatori devono soddisfare prima di poter ottenere la licenza o la certificazione necessaria per esercitare legalmente il microblading e la dermopigmentazione. Ciò può includere la partecipazione a corsi di formazione approvati, che coprono argomenti come l'anatomia della pelle, la teoria del colore, le tecniche di applicazione dei pigmenti, le norme igieniche e la gestione dei rischi.

In alcuni casi, potrebbe essere richiesta la dimostrazione delle competenze attraverso esami teorici e pratici per valutare la conoscenza e le abilità degli operatori. Questi esami possono essere condotti da organizzazioni accreditate o istituti di formazione riconosciuti dalle autorità competenti.

La formazione continua è spesso un requisito per mantenere la licenza o la certificazione professionale nel settore del microblading e della dermopigmentazione. Gli operatori possono essere tenuti a frequentare corsi di aggiornamento periodici per rimanere al passo con le nuove tecnologie, le tendenze del settore e le innovazioni nelle procedure e nei materiali.

Inoltre, i professionisti del settore possono scegliere di conseguire certificazioni avanzate o specializzate per dimostrare competenze specifiche in determinate tecniche o aree di interesse, come il microblading delle sopracciglia, la dermopigmentazione delle labbra o dei capelli, o la correzione delle cicatrici.

L'obiettivo dei requisiti di formazione e certificazione è garantire che gli operatori del settore possiedano le conoscenze, le competenze e le capacità necessarie per offrire trattamenti sicuri, efficaci e di alta qualità ai propri clienti, riducendo al minimo i rischi di complicazioni o danni.

3. Responsabilità legale e assicurativa per gli operatori di microblading e dermopigmentazione

La responsabilità legale e assicurativa è un aspetto cruciale per gli operatori nel settore del microblading e della dermopigmentazione, poiché fornisce una protezione essenziale sia per loro che per i loro clienti. Essere consapevoli delle implicazioni legali e assicurative è fondamentale per gestire eventuali rischi e proteggere l'integrità del proprio business.

Innanzitutto, gli operatori devono comprendere le leggi e le normative applicabili nel loro paese o regione che regolano la pratica del microblading e della dermopigmentazione. Queste leggi possono riguardare questioni come la sicurezza dei prodotti utilizzati, le norme igieniche, le restrizioni sull'età dei clienti e altre disposizioni legali che influenzano la pratica professionale.

Una corretta comprensione delle responsabilità legali può aiutare gli operatori a evitare potenziali controversie legali e a gestire eventuali reclami da parte dei clienti in modo efficace ed efficiente. Ciò include essere a conoscenza dei diritti dei clienti, delle procedure di consenso informato e delle politiche di rimborso o risarcimento in caso di insoddisfazione o problematiche durante il trattamento.

Inoltre, è essenziale che gli operatori abbiano una copertura assicurativa adeguata per proteggersi da potenziali reclami per danni fisici, complicazioni o insoddisfazione del cliente. Le polizze assicurative specifiche per il settore del microblading e della dermopigmentazione possono coprire una vasta gamma di rischi, inclusi incidenti durante il trattamento, reazioni allergiche ai pigmenti, e altri eventi imprevisti che possono verificarsi durante la pratica professionale.

Le polizze assicurative possono variare in base alla copertura offerta, quindi è importante che gli operatori valutino attentamente le loro esigenze assicurative e scelgano una polizza che offra una protezione completa e adeguata per il loro business. Questo può includere la copertura per responsabilità civile professionale, danni materiali, furto o danneggiamento dell'attrezzatura, e altre eventualità che possono influenzare la continuità operativa e la reputazione del business.

In definitiva, la responsabilità legale e assicurativa è una componente fondamentale della pratica professionale nel settore del microblading e della dermopigmentazione. Gli operatori devono essere diligentemente informati sulle leggi e le normative applicabili, e assicurarsi di avere una copertura assicurativa completa per proteggere se stessi, i loro clienti e il loro business da potenziali rischi e controversie legali.

4. Normative igienico-sanitarie per garantire la sicurezza dei clienti

Le normative igienico-sanitarie sono un pilastro fondamentale della pratica del microblading e della dermopigmentazione, poiché garantiscono la sicurezza e il benessere dei clienti durante i trattamenti. Queste normative sono progettate per prevenire la trasmissione di infezioni e malattie e per garantire un ambiente di lavoro pulito e sicuro per gli operatori e i clienti.

In primo luogo, è essenziale che gli operatori rispettino rigorosamente le linee guida igieniche stabilite dalle autorità sanitarie competenti nel loro paese o regione. Queste linee guida possono includere disposizioni riguardanti la disinfezione e sterilizzazione dell'attrezzatura, l'igiene personale degli operatori, la gestione dei rifiuti biologici e chimici, e altre pratiche che riducono il rischio di contaminazione crociata e diffusione di infezioni.

Gli operatori devono adottare procedure rigorose per la pulizia e la disinfezione di tutti gli strumenti e le superfici utilizzate durante i trattamenti, inclusi i microblades, gli aghi per dermopigmentazione, i contenitori di pigmento, i pennelli e altri accessori. È fondamentale utilizzare prodotti disinfettanti approvati e seguire scrupolosamente le istruzioni per garantire l'efficacia del processo di sterilizzazione.

Inoltre, gli operatori devono adottare pratiche igieniche adeguate durante i trattamenti, come lavarsi accuratamente le mani con acqua e sapone prima e dopo ogni cliente, indossare guanti monouso durante il trattamento, e utilizzare mascherine facciali e copricapo per ridurre il rischio di contaminazione microbiologica.

Oltre alle normative igieniche, è importante che gli operatori dispongano di un ambiente di lavoro pulito e ordinato. Questo include la pulizia regolare delle superfici di lavoro, la sostituzione regolare della biancheria da tavolo e dei copriletti monouso tra un cliente e l'altro, e la corretta gestione dei rifiuti.

Infine, gli operatori devono essere preparati ad affrontare situazioni di emergenza e a fornire un ambiente sicuro per i clienti durante i trattamenti. Questo può includere la formazione sulle procedure di pronto soccorso, la disponibilità di kit di pronto soccorso completamente attrezzati, e la conoscenza delle procedure per gestire eventuali reazioni allergiche o complicazioni durante i trattamenti.

In conclusione, le normative igienico-sanitarie sono una componente essenziale della pratica del microblading e della dermopigmentazione. Gli operatori devono adottare pratiche igieniche rigorose e rispettare le disposizioni stabilite dalle autorità sanitarie competenti per garantire la sicurezza e il benessere dei clienti e il successo del loro business.

5. Documentazione e consenso informato: Ruolo e importanza nei trattamenti estetici

La documentazione e il consenso informato rivestono un ruolo fondamentale nella pratica del microblading e della dermopigmentazione, poiché sono strumenti essenziali per informare i clienti sui trattamenti proposti, i rischi associati e i risultati attesi, nonché per proteggere gli operatori da possibili controversie legali.

Prima di eseguire qualsiasi trattamento estetico, è importante che gli operatori forniscono ai clienti una documentazione completa e dettagliata che descrive il procedimento, le sue implicazioni e i possibili rischi. Questa documentazione deve includere informazioni sui materiali utilizzati, i potenziali effetti collaterali, le controindicazioni, nonché le istruzioni post-trattamento per una guarigione ottimale. Inoltre, devono essere fornite informazioni sui risultati attesi, inclusi i tempi di guarigione e il possibile fabbisogno di ritocchi.

Il consenso informato è un documento firmato dal cliente che attesta di aver ricevuto tutte le informazioni necessarie sul trattamento e di aver compreso i rischi e i benefici associati. La firma del consenso informato indica che il cliente ha accettato di sottoporsi al trattamento consapevolmente e volontariamente, esonerando l'operatore da responsabilità legali in caso di eventuali complicazioni.

Oltre al consenso informato, è consigliabile che gli operatori mantengano una documentazione dettagliata di ogni trattamento eseguito, compresi i dettagli del cliente, le procedure eseguite, i materiali utilizzati e qualsiasi altra informazione rilevante. Questa documentazione può essere utile per scopi legali, per monitorare i progressi dei clienti nel tempo e per garantire una migliore assistenza nel caso di ritocchi o trattamenti successivi.

La documentazione e il consenso informato sono quindi strumenti indispensabili per garantire una pratica professionale e etica nel settore del microblading e della dermopigmentazione. Forniscono una base solida per la comunicazione tra operatore e cliente, assicurando che entrambe le parti siano pienamente informate e consapevoli dei rischi e dei benefici dei trattamenti estetici.

XIX. Risoluzione dei problemi e gestione delle criticità durante le procedure

1. Identificazione dei Problemi durante le Procedure

Durante le procedure di microblading, dermopigmentazione e permanent makeup per le sopracciglia, è fondamentale essere preparati ad affrontare eventuali problemi che potrebbero sorgere durante il trattamento. L'identificazione tempestiva di tali problemi è essenziale per garantire la sicurezza del cliente e ottenere risultati ottimali.

Uno dei problemi più comuni che possono verificarsi è legato alla forma e alla simmetria delle sopracciglia. Potrebbe accadere che durante il tracciamento delle linee guida per il microblading o l'applicazione del pigmento per la dermopigmentazione, si riscontri una discrepanza nella forma desiderata o nella simmetria tra le due sopracciglia. Questo può essere causato da varie ragioni, tra cui errori nell'analisi del viso del cliente, discrepanze nelle misurazioni o semplicemente dalla naturale asimmetria del viso umano. È importante avere competenze avanzate nell'analisi del viso e nell'arte della progettazione delle sopracciglia per individuare e affrontare prontamente questi problemi.

Inoltre, durante il trattamento, potrebbero emergere reazioni allergiche al pigmento utilizzato o potrebbe verificarsi un'emorragia eccessiva. Questi sono solo alcuni esempi di problemi che possono presentarsi durante le procedure di microblading e dermopigmentazione. Un professionista esperto deve essere in grado di identificare rapidamente tali situazioni e prendere le misure appropriate per gestirle nel modo più efficace e sicuro possibile.

Oltre ai problemi legati alla forma e alla simmetria delle sopracciglia, è importante essere consapevoli dei potenziali rischi associati al trattamento stesso. Ad esempio, infezioni batteriche o virali possono verificarsi se le attrezzature non sono state sterilizzate correttamente o se le pratiche igieniche non sono state seguite diligentemente. La conoscenza delle normative igienico-sanitarie e l'adozione delle procedure appropriate sono essenziali per prevenire tali rischi.

Durante il trattamento, è anche possibile che il cliente manifesti dolore o disagio. È importante essere in grado di comunicare efficacemente con il cliente per garantire il suo comfort e soddisfazione. Ciò può includere l'applicazione di anestetici topici prima del trattamento o la regolazione della pressione durante il microblading per ridurre al minimo il disagio.

Infine, possono verificarsi problemi di guarigione post-trattamento, come il rigetto del pigmento o l'insorgenza di complicazioni come l'iperpigmentazione o l'infezione. Un adeguato follow-up con il cliente e la fornitura di istruzioni dettagliate per la cura post-trattamento possono contribuire a mitigare questi rischi e garantire risultati soddisfacenti.

In conclusione, l'identificazione tempestiva dei problemi durante le procedure di microblading e dermopigmentazione è essenziale per garantire la sicurezza del cliente e ottenere risultati ottimali. Un professionista esperto deve essere in grado di affrontare una vasta gamma di criticità in modo efficace e sicuro, fornendo un trattamento di alta qualità e soddisfacente per il cliente.

2. Strategie di Risoluzione in Tempo Reale

Durante le procedure di microblading e dermopigmentazione, è fondamentale avere a disposizione strategie efficaci per affrontare i problemi che possono emergere in tempo reale. Queste strategie richiedono una combinazione di competenze tecniche, esperienza pratica e capacità decisionali rapide per garantire che il trattamento proceda senza intoppi e che il cliente sia soddisfatto dei risultati.

Una delle strategie più importanti è quella di mantenere la calma e mantenere un atteggiamento professionale anche di fronte a situazioni critiche. Mantenere la calma aiuta a ridurre lo stress e l'ansia sia per il professionista che per il cliente, creando un ambiente più confortevole e favorevole al processo di trattamento. Inoltre, un professionista tranquillo è più propenso a prendere decisioni razionali e adottare le misure appropriate per risolvere il problema in modo efficace.

Oltre a mantenere la calma, è essenziale essere flessibili e adattabili alle mutevoli esigenze del cliente e alle varie sfide che possono sorgere durante il trattamento. Ciò può includere la modifica del piano di trattamento in base alle preferenze del cliente o alla risposta della loro pelle al pigmento. Essere in grado di adattarsi rapidamente alle circostanze mutevoli è fondamentale per garantire risultati ottimali e la soddisfazione del cliente.

Un'altra strategia importante è quella di comunicare apertamente e chiaramente con il cliente durante tutto il processo di trattamento. Spiegare i passaggi del trattamento, rispondere alle domande e fornire aggiornamenti sullo stato del trattamento aiuta a mantenere il cliente informato e coinvolto nel processo decisionale. Inoltre, una comunicazione efficace può aiutare a ridurre l'ansia e il disagio del cliente, contribuendo a creare un'esperienza complessiva più positiva.

In alcuni casi, potrebbe essere necessario modificare la tecnica o il metodo di trattamento per affrontare un problema specifico. Ad esempio, se si verifica un'emorragia eccessiva durante il trattamento, potrebbe essere necessario interrompere temporaneamente il trattamento per applicare una pressione più forte o utilizzare prodotti emostatici per fermare il sanguinamento. Essere in grado di valutare rapidamente la situazione e adottare le misure appropriate è cruciale per garantire la sicurezza del cliente e il successo del trattamento.

Infine, è importante tenere traccia dei problemi riscontrati durante il trattamento e delle strategie utilizzate per risolverli. Mantenere un registro dettagliato di questi incidenti può fornire preziose informazioni per migliorare le pratiche future e prevenire problemi simili. Inoltre, può essere utile per scopi di formazione e per garantire la conformità con le normative e i requisiti legali.

In sintesi, le strategie di risoluzione dei problemi in tempo reale durante le procedure di microblading e dermopigmentazione sono fondamentali per garantire il successo del trattamento e la soddisfazione del cliente. Mantenere la calma, essere flessibili, comunicare efficacemente, adottare le misure appropriate e tenere traccia dei problemi riscontrati sono tutti elementi chiave di queste strategie, che aiutano a gestire le criticità con sicurezza ed efficienza.

3. Gestione delle Complicazioni Post-Trattamento

La gestione delle complicazioni post-trattamento è un aspetto cruciale della pratica del microblading e della dermopigmentazione, poiché possono verificarsi reazioni avverse o problemi imprevisti dopo che il trattamento è stato completato. È essenziale essere preparati per affrontare queste situazioni in modo tempestivo ed efficace, al fine di garantire la sicurezza e la soddisfazione del cliente.

Una delle complicazioni più comuni post-trattamento è rappresentata dalle reazioni cutanee, come arrossamenti, gonfiori o pruriti, che possono manifestarsi dopo il trattamento. Queste reazioni possono essere causate da una varietà di fattori, tra cui l'applicazione di pigmenti incompatibili con la pelle del cliente, una risposta allergica ai materiali utilizzati o un'igiene inadeguata durante il trattamento. Per gestire queste complicazioni, è fondamentale fornire al cliente istruzioni dettagliate su come prendersi cura della zona trattata e su eventuali prodotti topici o trattamenti che possono aiutare a alleviare i sintomi. Inoltre, è importante monitorare da vicino la condizione della pelle del cliente e offrire consulenza e supporto aggiuntivo se necessario.

Un'altra complicazione post-trattamento che può verificarsi è la pigmentazione irregolare o indesiderata. Questo può manifestarsi sotto forma di macchie scure o chiare sulla pelle, pigmento troppo intenso o sbiadito, o persino la formazione di linee irregolari o sbavature. Per affrontare queste complicazioni, è necessario valutare attentamente il problema e determinare la causa sottostante. In alcuni casi, potrebbe essere necessario eseguire un trattamento correttivo per rimuovere o correggere il pigmento indesiderato. È importante comunicare apertamente con il cliente su quali sono le opzioni disponibili e stabilire aspettative realistiche sui risultati del trattamento correttivo.

Altre complicazioni post-trattamento possono includere infezioni della zona trattata, emorragie e formazione di croste o cicatrici. Queste complicazioni richiedono un intervento immediato e possono richiedere cure mediche aggiuntive. È fondamentale essere in grado di riconoscere i segni di queste complicazioni e agire prontamente per minimizzare il rischio di complicazioni gravi o permanenti. Inoltre, è importante documentare accuratamente qualsiasi complicazione post-trattamento e le misure adottate per gestirla, al fine di garantire la conformità con le normative e i requisiti legali e per proteggere la reputazione e la responsabilità professionale.

In sintesi, la gestione delle complicazioni post-trattamento richiede una combinazione di competenze tecniche, esperienza pratica e capacità decisionali rapide. È essenziale essere preparati per affrontare una varietà di problemi che possono sorgere dopo il trattamento e fornire al cliente un supporto completo e una guida personalizzata per affrontare eventuali complicazioni in modo sicuro ed efficace.

4. Comunicazione Efficace con i Clienti durante le Criticità

Durante le criticità che possono emergere durante le procedure di microblading e dermopigmentazione, la comunicazione efficace con i clienti riveste un ruolo fondamentale per garantire la trasparenza, la fiducia e la gestione ottimale delle situazioni difficili. È importante stabilire una comunicazione aperta e chiara sin dall'inizio del trattamento, fornendo al cliente informazioni dettagliate sulle possibili complicazioni e sui passaggi da seguire in caso di problemi.

Quando si verificano criticità durante la procedura o durante il periodo post-trattamento, è essenziale mantenere una comunicazione calma e rassicurante con il cliente. Ascoltare attentamente le preoccupazioni del cliente e rispondere in modo empatico e professionale può contribuire a ridurre l'ansia e a instaurare un rapporto di fiducia reciproca. Spiegare al cliente la natura del problema, le cause possibili e le opzioni disponibili per risolverlo è cruciale per coinvolgerlo attivamente nel processo decisionale e per consentirgli di sentirsi parte integrante del percorso di cura.

Durante la comunicazione con i clienti durante le criticità, è importante utilizzare un linguaggio chiaro e accessibile, evitando termini tecnici eccessivamente complessi che potrebbero confondere o allarmare il cliente. Utilizzare esempi e analogie comprensibili può aiutare a rendere le informazioni più accessibili e a facilitare la comprensione da parte del cliente.

Inoltre, è importante fornire al cliente una stima realistica dei tempi di risoluzione del problema e delle possibili ripercussioni sul risultato finale del trattamento. Questo aiuta il cliente a comprendere pienamente la situazione e a gestire le proprie aspettative rispetto ai risultati attesi.

Infine, è essenziale documentare accuratamente tutte le comunicazioni con il cliente relative alle criticità e alle azioni intraprese per affrontarle. Questo non solo aiuta a mantenere un registro dettagliato del processo di gestione delle criticità, ma può anche essere utile da un punto di vista legale in caso di contestazioni o reclami da parte del cliente.

In conclusione, la comunicazione efficace con i clienti durante le criticità è un aspetto chiave della pratica del microblading e della dermopigmentazione. Fornire informazioni chiare, ascoltare attivamente le preoccupazioni del cliente e coinvolgerlo nel processo decisionale sono fondamentali per gestire le situazioni difficili in modo professionale ed empatico.

5. Miglioramento Continuo dei Processi di Lavoro

Il miglioramento continuo dei processi di lavoro rappresenta un pilastro fondamentale per garantire la qualità, l'efficienza e la sicurezza delle procedure di microblading e dermopigmentazione. Questo approccio si basa sull'idea di identificare costantemente aree di possibile ottimizzazione e implementare miglioramenti per garantire standard sempre più elevati nella pratica professionale.

Per avviare un processo di miglioramento continuo, è essenziale condurre regolarmente valutazioni dettagliate delle procedure di lavoro attuali, identificando punti di forza, debolezza e opportunità di sviluppo. Questa analisi può essere condotta attraverso revisioni interne periodiche, coinvolgendo il personale coinvolto nelle procedure e raccogliendo feedback dai clienti per comprendere le loro esperienze e aspettative.

Una volta identificate le aree di miglioramento, è importante sviluppare e implementare piani d'azione mirati per affrontare le criticità e ottimizzare i processi esistenti. Questi piani dovrebbero essere basati su obiettivi specifici e misurabili, con linee guida chiare su come raggiungere tali obiettivi e un calendario per monitorare il progresso nel tempo.

Durante l'implementazione dei miglioramenti, è fondamentale coinvolgere attivamente il personale coinvolto nelle procedure, fornendo formazione e supporto adeguati per garantire una transizione senza intoppi e una piena adesione alle nuove pratiche di lavoro. Inoltre, è importante mantenere un approccio flessibile e adattabile, consentendo la revisione e l'aggiornamento dei processi in base all'evoluzione delle esigenze del settore e dei feedback ricevuti.

Un altro elemento chiave del miglioramento continuo dei processi di lavoro è la raccolta e l'analisi dei dati relativi alle prestazioni e ai risultati delle procedure. Questo può includere metriche come il tempo impiegato per completare una procedura, il tasso di successo delle trattamenti, il livello di soddisfazione del cliente e altro ancora. Utilizzando queste informazioni, è possibile identificare trend, individuare potenziali problemi e valutare l'impatto dei miglioramenti implementati.

In conclusione, il miglioramento continuo dei processi di lavoro è un approccio dinamico e proattivo che consente ai professionisti del microblading e della dermopigmentazione di mantenere elevati standard di qualità, efficienza e sicurezza nella propria pratica professionale. Implementando una cultura di apprendimento e sviluppo costante, è possibile garantire un servizio sempre migliore ai clienti e rimanere competitivi in un mercato in continua evoluzione.

XX. Sviluppo professionale e avanzamento delle competenze nell'ambito del microblading e del permanent make up

1. Programmi di Formazione Avanzata e Specializzazioni

I programmi di formazione avanzata e specializzazioni rappresentano un fondamentale passo avanti nel percorso di crescita professionale nel campo del microblading e del permanent make up.

Questi programmi offrono ai professionisti l'opportunità di approfondire le proprie conoscenze, acquisire competenze specialistiche e rimanere al passo con le ultime tendenze e innovazioni del settore.

La formazione avanzata può coprire una vasta gamma di argomenti, inclusi approcci tecnici più complessi, nuove metodologie di lavoro, gestione dei casi difficili, e molto altro ancora.

I corsi di specializzazione sono progettati per fornire ai partecipanti una conoscenza approfondita e pratica su specifici aspetti del microblading e del permanent make up, consentendo loro di distinguersi nel mercato e soddisfare le esigenze sempre più sofisticate della clientela.

Questi programmi possono essere offerti da istituti di formazione accreditati, centri di bellezza specializzati o direttamente da professionisti esperti nel settore, e spesso includono sessioni pratiche, workshop interattivi, e mentoring personalizzato.

Partecipare a programmi di formazione avanzata e specializzazioni è cruciale per chiunque desideri raggiungere l'eccellenza nel campo del microblading e del permanent make up, poiché forniscono le competenze e la conoscenza necessarie per affrontare sfide complesse e ottenere risultati di alta qualità.

2. Corsi di Aggiornamento e Workshop Pratici

I corsi di aggiornamento e i workshop pratici rappresentano un'importante opportunità per i professionisti del microblading e del permanent make up di rimanere al passo con le ultime novità e avanzamenti nel settore.

Questi corsi sono progettati per fornire agli operatori già formati l'opportunità di ampliare le proprie competenze, acquisire nuove tecniche e affinare le loro abilità esistenti.

Durante i workshop pratici, i partecipanti hanno l'opportunità di mettere in pratica le conoscenze acquisite, lavorando su modelli dal vivo o su simulazioni realistiche. Questo tipo di formazione offre un'esperienza hands-on preziosa, consentendo ai professionisti di affinare la propria tecnica e di ottenere un feedback diretto dagli istruttori esperti.

I corsi di aggiornamento possono coprire una vasta gamma di argomenti, tra cui nuove tendenze di design delle sopracciglia, nuove tecniche di applicazione, gestione delle complicazioni post-trattamento, e molto altro ancora.

Partecipare a corsi di aggiornamento e workshop pratici è essenziale per rimanere competitivi nel settore in continua evoluzione del microblading e del permanent make up, poiché consente ai professionisti di mantenere le proprie abilità e conoscenze al passo con le migliori pratiche e le ultime tendenze.

3. Approfondimento delle Tecniche Avanzate di Microblading

L'approfondimento delle tecniche avanzate di microblading rappresenta un passo fondamentale per i professionisti desiderosi di distinguersi nel settore e di offrire ai propri clienti risultati di alta qualità e duraturi.

Questi corsi avanzati si concentrano su aspetti specifici del microblading, come la progettazione delle sopracciglia in base alle caratteristiche facciali uniche del cliente, l'uso di diverse lame e pigmenti per ottenere effetti personalizzati, e la correzione di eventuali errori o imperfezioni.

Durante tali corsi, gli istruttori esperti guidano i partecipanti attraverso esercizi pratici e dimostrazioni dettagliate, fornendo consigli e suggerimenti per affinare la tecnica e ottenere risultati impeccabili.

Gli argomenti trattati possono includere anche la gestione delle complicazioni durante il processo di guarigione, la creazione di effetti tridimensionali per un aspetto più naturale, e l'applicazione di tecniche innovative per ottenere sopracciglia più piene e definite.

Partecipare a corsi di approfondimento delle tecniche avanzate di microblading è particolarmente vantaggioso per i professionisti che desiderano elevare il proprio livello di competenza e offrire ai propri clienti un servizio superiore e su misura.

Questi corsi offrono l'opportunità di acquisire una conoscenza più approfondita delle migliori pratiche e delle ultime innovazioni nel campo del microblading, consentendo ai professionisti di diventare leader nel settore e di soddisfare al meglio le esigenze dei propri clienti.

4. Esplorazione delle Nuove Tecnologie nel Permanent Make Up

L'esplorazione delle nuove tecnologie nel permanent make up rappresenta un'importante tappa nell'avanzamento delle competenze professionali nel settore. Le innovazioni tecnologiche offrono nuove opportunità per migliorare la precisione, l'efficienza e i risultati finali dei trattamenti di dermopigmentazione.

Tra le nuove tecnologie più promettenti vi sono i dispositivi avanzati di pigmentazione digitale, che consentono ai professionisti di controllare con precisione la profondità e la distribuzione del pigmento sulla pelle. Questi dispositivi sono dotati di funzionalità sofisticate, come sistemi di controllo della pressione e della velocità, che consentono di ottenere linee più definite e uniformi.

Inoltre, le nuove tecnologie includono l'uso di pigmenti e materiali innovativi che offrono una maggiore durata e resistenza nel tempo. I pigmenti microincapsulati, ad esempio, possono resistere meglio alla degradazione causata dalla luce solare e dai processi di guarigione della pelle, garantendo risultati più stabili e duraturi.

Altre tecnologie in via di sviluppo comprendono l'uso di sistemi di imaging avanzati, come la mappatura digitale della pelle e la realtà aumentata, che consentono ai professionisti di visualizzare in modo più dettagliato la struttura e la texture della pelle prima di eseguire il trattamento.

Partecipare a workshop e corsi di formazione focalizzati sulle nuove tecnologie nel permanent make up è essenziale per rimanere al passo con gli ultimi sviluppi del settore e per acquisire le competenze necessarie per utilizzare in modo efficace queste tecnologie innovative.

L'esplorazione delle nuove tecnologie nel permanent make up rappresenta un investimento nell'eccellenza professionale e nell'offerta di trattamenti sempre più avanzati e di alta qualità ai propri clienti.

5. Percorsi di Certificazione e Riconoscimento Professionale

I percorsi di certificazione e il riconoscimento professionale sono fondamentali per gli operatori del settore del microblading e del permanent make up, poiché confermano la competenza e la qualità del lavoro svolto. Questi percorsi offrono agli operatori l'opportunità di acquisire le conoscenze e le abilità necessarie per eseguire trattamenti sicuri ed efficaci, nonché per mantenersi aggiornati sulle ultime tendenze e tecnologie nel settore.

I corsi di certificazione coprono una vasta gamma di argomenti, tra cui l'igiene e la sicurezza, la teoria del colore, le tecniche di applicazione del pigmento, la gestione dei clienti e la consulenza pre e post-trattamento. Attraverso sessioni pratiche e teoriche, gli operatori hanno l'opportunità di apprendere e mettere in pratica le competenze necessarie per diventare professionisti qualificati nel settore.

Ottenere una certificazione riconosciuta è un passo importante nella carriera di un operatore di microblading e permanent make up, in quanto fornisce una valida testimonianza delle proprie competenze e conoscenze agli occhi dei clienti e dei datori di lavoro potenziali. Le certificazioni riconosciute sono emesse da istituti e organizzazioni accreditate nel settore cosmetico, garantendo standard elevati e conformità alle normative vigenti.

Inoltre, il riconoscimento professionale offre agli operatori l'opportunità di distinguersi nel mercato e di aumentare la propria credibilità e reputazione. I professionisti certificati sono spesso preferiti dai clienti in cerca di trattamenti di alta qualità e sicuri, poiché la certificazione è un segno di impegno verso l'eccellenza e il rispetto delle migliori pratiche nel settore.

Partecipare a percorsi di certificazione e ottenere riconoscimenti professionali non solo contribuisce al miglioramento delle competenze individuali, ma anche alla crescita e allo sviluppo dell'intero settore del microblading e del permanent make up. Infatti, operatori qualificati e ben addestrati contribuiscono a promuovere standard elevati di sicurezza e qualità nei trattamenti cosmetici, garantendo la soddisfazione e la fiducia dei clienti nel lungo periodo.

In conclusione, i percorsi di certificazione e il riconoscimento professionale giocano un ruolo cruciale nel garantire la qualità e la sicurezza dei trattamenti di microblading e permanent make up, fornendo agli operatori le competenze e le credenziali necessarie per eccellere nel settore.

Vuoi un nostro libro a soli 0,99€? Ecco come fare!

Ciao!
Se ti è piaciuto questo libro, puoi ricevere il prossimo titolo **a soli 0,99€**, scegliendo tra:

📖 eBook
🖨 PDF di un libro cartaceo

Segui questi semplici passaggi:

📍 **1.** Condividi la tua esperienza sul sito dove hai effettuato l'acquisto.

📍 **2.** Invia uno screenshot **del tuo feedback** dove si legge anche la dicitura "Acquisto verificato" a:
info.testicreativi@gmail.com

📍 **3.** Riceverai un codice sconto personale da utilizzare sul nostro store online, valido per ottenere il prossimo libro **a soli 0,99€**.

📑 La tua opinione conta davvero: ogni recensione ci aiuta a crescere e permette a nuovi lettori di scoprire i nostri libri.

Grazie di cuore per il tuo tempo e buona lettura!